そのまま使える！　書きかえできる！

給食＆食育だより セレクトブック

少年写真新聞社

Wordで書きかえ自由！

モノクロイラスト <u>600点以上</u>
カラーイラスト　<u>300点以上</u>

イラストつき文例も
<u>カラーいっぱい！</u>

CD-ROMつき

本書の特色

①Wordで書きかえ自由！
「基本のたより」と「文例」（イラストつき）がすべてWordデータで収録されているので、書きかえも自由自在です。

②カラーデータ満載！
基本のたよりや文例、イラストなどのカラーデータをたくさん収録しているので、カラーのたよりもすぐにつくれます。

③モノクロイラスト600点以上　カラーイラスト300点以上
毎月のたよりで使いたい食材や行事のイラストが満載です。

④4月から3月までのたよりがすぐにつくれます
「基本のたより」は、そのまま印刷するだけでたよりとして活用できます。

●各月わかりやすいページ構成になっています！

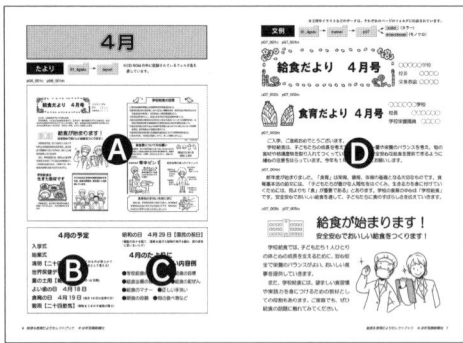

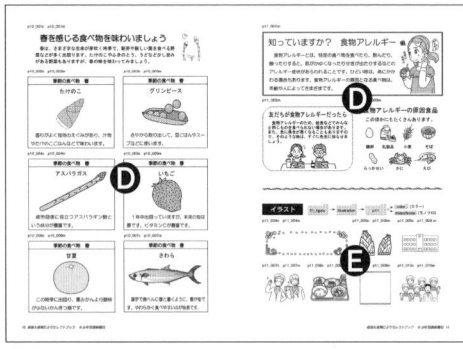
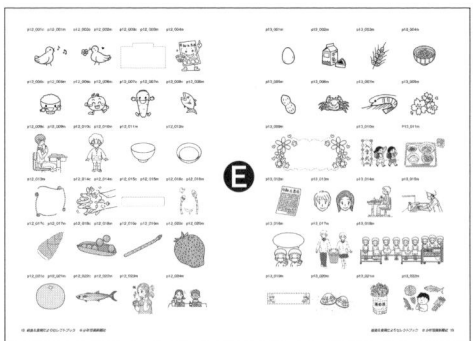

Ⓐ基本のたより
その月の文例を組み合わせてつくったものです。CD-ROM内にはカラーとモノクロのWordデータが収録されています。

Ⓑ○月の予定
学校の基本的な行事や、食育、健康に関する内容を掲載しています。

Ⓒたよりに載せたい内容例
その月のたよりに載せたい内容を示してあります。

Ⓓ文例
イラストつきの文例を多数掲載しています。

Ⓔイラスト
AからDで使われたイラストや、そのほかのイラストを一覧にしています。

※本書は、『給食ニュース』No.1441（2009年4月8日号）からNo.1504（2011年3月18日号）の付録『給食ニュースブックレット』の内容に加筆・修正したものに加え、新たに制作した文例やイラストも含まれています。
※SeDoc（少年写真新聞社のニュースご購読者限定インターネットサービス）のイラストも含まれています。

CD-ROMの構成

CD-ROMを開くと4月から3月までのフォルダとその他のフォルダが下記のように収録されています。

● CD-ROM内のフォルダ　12フォルダ

● 4月のフォルダ内のフォルダ　3フォルダ

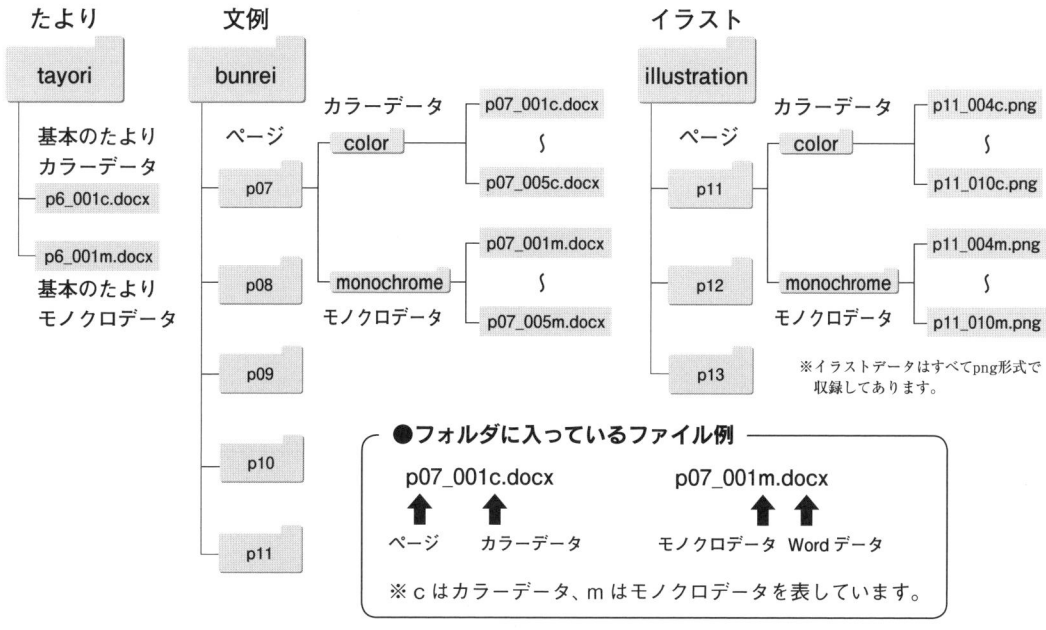

● フォルダに入っているファイル例

p07_001c.docx　　　p07_001m.docx
↑　　↑　　　　　　↑　　↑
ページ　カラーデータ　モノクロデータ　Wordデータ

※cはカラーデータ、mはモノクロデータを表しています。

● ご使用にあたっての注意

CD-ROMが入った袋を開封しますと、以下の内容を了解したものと判断させていただきます。
【動作推奨環境】
・Windows Vista以降、またはMac OS X 10.6以降（弊社ではWindows7およびMac OS X 10.7で動作確認をしています）。
・CD-ROMドライブ必須。
・推奨ワープロソフト Word2007以降、Word2011 for Mac以降（本製品にはワープロソフトは付属しておりません）。
【著作権に関しまして】
・本書付属のCD-ROMに収録されているすべてのデータの著作権および許諾権は株式会社少年写真新聞社に帰属します。
・学校内の使用、児童生徒・保護者向けの配布物に使用する目的であれば自由にお使いいただけます。
・商業誌等やインターネット上での使用はできません。
・データをコピーして配布すること、ネットワーク上にダウンロード可能な状態で置くことはできません。
【ご使用上の注意点】
・このCD-ROMはパソコン専用です。音楽用CDプレーヤー、DVDプレーヤー、ゲーム機等で使用しますと、機器に故障が発生するおそれがありますので、絶対に使用しないでください。
・CD-ROM内のデータ、あるいはプログラムによって引き起こされた問題や損失に対しては、弊社はいかなる補償もいたしません。本製品の製造上での欠陥に関しましてはお取り替えいたしますが、それ以外の要求には応じられません。

Macintosh、Mac、OS Xは米国やその他の国で登録されたApple Incの商標または登録商標です。
Windows、Windows Vista、Windows7、WordはMicrosoft Corporationの米国その他の国における登録商標または商標です。

もくじ

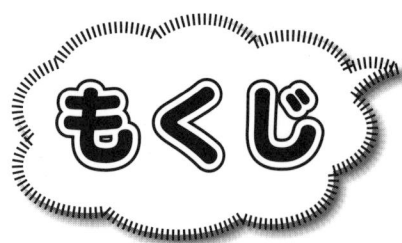   

本書の特色 …………………………………… 2
CD-ROMの構成 ……………………………… 3

4月
- ○たより　●4月の予定　●4月のたよりに載せたい内容例………… 6
- ○文例 ……………………………………………………………… 7
  給食が始まります！　学校給食の目標　食事の時は背中ピン！
  春を感じる食べ物を味わいましょう　友だちが食物アレルギーだったら　ほか
- ○イラスト ………………………………………………………… 11

5月
- ○たより　●5月の予定　●5月のたよりに載せたい内容例………… 14
- ○文例 ……………………………………………………………… 15
  朝ごはんをしっかり食べましょう　かんたん！朝ごはんレシピ
  端午の節句　もったいない精神を大切に！　ほか
- ○イラスト ………………………………………………………… 19

6月
- ○たより　●6月の予定　●6月のたよりに載せたい内容例………… 22
- ○文例 ……………………………………………………………… 23
  よくかんで食べましょう！　かむことの4つの効果
  かむことと脳の関係とは？　6月は食育月間です！　食中毒に注意！　ほか
- ○イラスト ………………………………………………………… 27

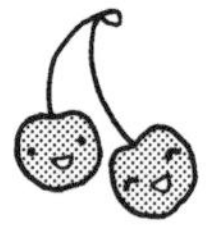

7月
- ○たより　●7月の予定　●7月のたよりに載せたい内容例………… 30
- ○文例 ……………………………………………………………… 31
  夏野菜を食べよう！　運動中の水分補給について
  本当に必要！？ダイエット　夏が旬の食べ物を食べましょう　七夕　ほか
- ○イラスト ………………………………………………………… 35

9月
- ○たより　●9月の予定　●9月のたよりに載せたい内容例………… 38
- ○文例 ……………………………………………………………… 39
  早起き早寝朝ごはんで、元気に学校生活を　体内時計を正常に動かしましょう
  月見　秋の味覚を楽しみましょう　ほか
- ○イラスト ………………………………………………………… 43

10月

- ○たより　●10月の予定　●10月のたよりに載せたい内容例 ……… 46
- ○文例 …………………………………………………………………… 47
  栄養バランスのよい食事をとっていますか？　運動能力アップのかぎは食事
  目によい食べ物を食べましょう　生活習慣病って何だろう　ほか
- ○イラスト ……………………………………………………………… 51

11月

- ○たより　●11月の予定　●11月のたよりに載せたい内容例 ……… 54
- ○文例 …………………………………………………………………… 55
  食べ物の命をいただいています！　地場産物を食べよう！
  おやつのとり方　不足しがちな栄養素をおやつで補おう　ほか
- ○イラスト ……………………………………………………………… 59

12月

- ○たより　●12月の予定　●12月のたよりに載せたい内容例 ……… 62
- ○文例 …………………………………………………………………… 63
  手洗い・うがいでかぜ予防　青菜のおいしい季節です
  かぜに負けない体づくりのための食事　冬至　ノロウイルスに注意　ほか
- ○イラスト ……………………………………………………………… 67

1月

- ○たより　●1月の予定　●1月のたよりに載せたい内容例 ………… 70
- ○文例 …………………………………………………………………… 71
  1月は全国学校給食週間があります　学校給食の歴史
  おせち料理の意味を知ろう　1月7日七草がゆを食べよう　ほか
- ○イラスト ……………………………………………………………… 75

2月

- ○たより　●2月の予定　●2月のたよりに載せたい内容例 ………… 78
- ○文例 …………………………………………………………………… 79
  はしを使って美しく食べよう　節分　いろいろな豆を食べよう
  食物繊維をとりましょう　冬でも牛乳を残さず飲みましょう！　ほか
- ○イラスト ……………………………………………………………… 83

3月

- ○たより　●3月の予定　●3月のたよりに載せたい内容例 ………… 86
- ○文例 …………………………………………………………………… 87
  給食を通して学んだことをふり返ろう　卒業給食　桃の節句
  バイキング給食の約束　家族そろって食事をする時間を　ほか
- ○イラスト ……………………………………………………………… 91

食事マナーチェック ……………………………… 94
夏の食生活チェックシート ……………………… 95
冬の食生活チェックシート ……………………… 96
CD-ROMを使って「たより」をつくりましょう!! … 97
さくいん ………………………………………… 102

4月

| たより | 01_4gatu → tayori | ※CD-ROMの中に収録されているフォルダ名を表しています。 |

p06_001c　p06_001m

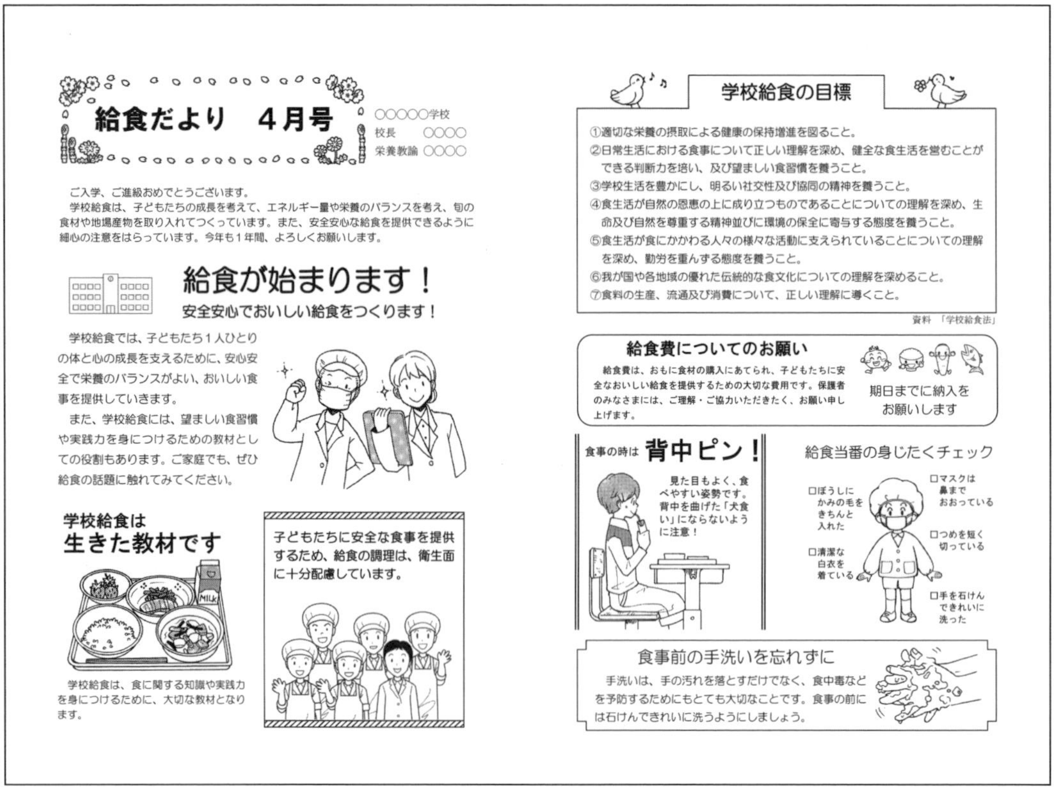

給食だより　4月号
○○○○学校
校長　○○○○
栄養教諭　○○○○

ご入学、ご進級おめでとうございます。
学校給食は、子どもたちの成長を考えて、エネルギー量や栄養のバランスを考え、旬の食材や地場産物を取り入れてつくっています。また、安全安心な給食を提供できるように細心の注意をはらっています。今年も1年間、よろしくお願いします。

給食が始まります！
安全安心でおいしい給食をつくります！

学校給食では、子どもたち1人ひとりの体と心の成長を支えるために、安心安全で栄養のバランスがよい、おいしい食事を提供していきます。
また、学校給食には、望ましい食習慣や実践力を身につけるための教材としての役割もあります。ご家庭でも、ぜひ給食の話題に触れてみてください。

学校給食は生きた教材です

学校給食は、食に関する知識や実践力を身につけるために、大切な教材となります。

子どもたちに安全な食事を提供するため、給食の調理は、衛生面に十分配慮しています。

学校給食の目標
①適切な栄養の摂取による健康の保持増進を図ること。
②日常生活における食事について正しい理解を深め、健全な食生活を営むことができる判断力を培い、及び望ましい食習慣を養うこと。
③学校生活を豊かにし、明るい社交性及び協同の精神を養うこと。
④食生活が自然の恩恵の上に成り立つものであることについての理解を深め、生命及び自然を尊重する精神並びに環境の保全に寄与する態度を養うこと。
⑤食生活が食にかかわる人々の様々な活動に支えられていることについての理解を深め、勤労を重んずる態度を養うこと。
⑥我が国や各地域の優れた伝統的な食文化についての理解を深めること。
⑦食料の生産、流通及び消費について、正しい理解に導くこと。

資料「学校給食法」

給食費についてのお願い
給食費は、おもに食材の購入にあてられ、子どもたちに安全なおいしい給食を提供するための大切な費用です。保護者のみなさまには、ご理解・ご協力いただきたく、お願い申し上げます。
期日までに納入をお願いします

食事の時は背中ピン！
見た目もよく、食べやすい姿勢です。背中を曲げた「犬食い」にならないように注意！

給食当番の身じたくチェック
□マスクは鼻までおおっている
□ぼうしにかみの毛をきちんと入れた
□つめを短く切っている
□清潔な白衣を着ている
□手を石けんできれいに洗った

食事前の手洗いを忘れずに
手洗いは、手の汚れを落とすだけでなく、食中毒などを予防するためにもとても大切なことです。食事の前には石けんできれいに洗うようにしましょう。

4月の予定

入学式
始業式
清明【二十四節気】（すべてのものが清らかで生き生きとして見える）
世界保健デー　4月7日
春の土用【雑節】（立夏の前の18日間）
よい歯の日　4月18日
食育の日　4月19日（毎月19日は食育の日）
穀雨【二十四節気】（穀物をうるおす春雨が降る）

昭和の日　4月29日【国民の祝日】
（激動の日々を経て、復興を遂げた昭和の時代を顧み、国の将来に思いをいたす）

4月のたよりに載せたい内容例

●学校給食の意義　●学校給食の目標
●給食当番の身じたく　●給食の配ぜん
●給食のマナー　●正しい手洗い
●朝食の役割　●旬の食べ物　など

文例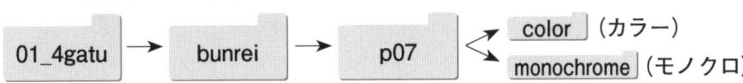

※文例やイラストなどのデータは、それぞれのページのフォルダに収録されています。

p07_001c　p07_001m

給食だより　4月号

○○○○○学校
校長　　　○○○○
栄養教諭　○○○○

p07_002c　p07_002m

 食育だより　4月号

○○○○○○学校
校長　　　　○○○○○○
学校栄養職員　○○○○

p07_003m

　ご入学、ご進級おめでとうございます。
　学校給食は、子どもたちの成長を考えて、エネルギー量や栄養のバランスを考え、旬の食材や地場産物を取り入れてつくっています。また、安全安心な給食を提供できるように細心の注意をはらっています。今年も1年間、よろしくお願いします。

p07_004m

　新年度が始まりました。「食育」は知育、徳育、体育の基礎となる大切なものです。食育基本法の前文には、「子どもたちが豊かな人間性をはぐくみ、生きる力を身に付けていくためには、何よりも「食」が重要である」とあります。学校の食育の中心は「学校給食」です。安全安心でおいしい給食を通して、子どもたちに食のすばらしさを伝えていきます。

p07_005c　p07_005m

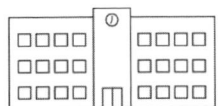 給食が始まります！
安全安心でおいしい給食をつくります！

　学校給食では、子どもたち1人ひとりの体と心の成長を支えるために、安心安全で栄養のバランスがよい、おいしい食事を提供していきます。
　また、学校給食には、望ましい食習慣や実践力を身につけるための教材としての役割もあります。ご家庭でも、ぜひ給食の話題に触れてみてください。

学校給食は生きた教材です

学校給食は、食に関する知識や実践力を身につけるために、大切な教材となります。

子どもたちに安全な食事を提供するため、給食の調理は、衛生面に十分配慮しています。

学校給食の目標

①適切な栄養の摂取による健康の保持増進を図ること。
②日常生活における食事について正しい理解を深め、健全な食生活を営むことができる判断力を培い、及び望ましい食習慣を養うこと。
③学校生活を豊かにし、明るい社交性及び協同の精神を養うこと。
④食生活が自然の恩恵の上に成り立つものであることについての理解を深め、生命及び自然を尊重する精神並びに環境の保全に寄与する態度を養うこと。
⑤食生活が食にかかわる人々の様々な活動に支えられていることについての理解を深め、勤労を重んずる態度を養うこと。
⑥我が国や各地域の優れた伝統的な食文化についての理解を深めること。
⑦食料の生産、流通及び消費について、正しい理解に導くこと。

資料　「学校給食法」

献立表を参考にしてください

給食は栄養バランスを考えてつくられています。主食、主菜、副菜がそろっているので、献立を立てる時の参考にしてください。また、お子さんに、給食に出る好きな料理を聞いて、ぜひご家庭でもつくってみてください。

給食費についてのお願い

給食費は、おもに食材の購入にあてられ、子どもたちに安全なおいしい給食を提供するための大切な費用です。保護者のみなさまには、ご理解・ご協力いただきたく、お願い申し上げます。

期日までに納入をお願いします

食事の時は**背中ピン！**

見た目もよく、食べやすい姿勢です。背中を曲げた「犬食い」にならないように注意！

給食当番の身じたくチェック

- □ ぼうしにかみの毛をきちんと入れた
- □ 清潔な白衣を着ている
- □ マスクは鼻までおおっている
- □ つめを短く切っている
- □ 手を石けんできれいに洗った

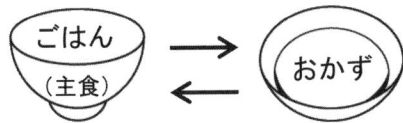

交互に食べましょう

ごはんとおかずを交互に食べると、どちらもおいしく食べられます。同時に食べ終わるよう、バランスを考えて食事をしましょう。

山菜シーズンです

ぜんまい、わらび、ふきのとう、たらのめ……。山菜は、ほんのり苦みがあり、普段よく食べる野菜と違う野趣あふれる味が特徴です。おもにこの時季にしか食べられない山の恵みをぜひ味わいましょう。

春

食事前の手洗いを忘れずに

手洗いは、手の汚れを落とすだけでなく、食中毒などを予防するためにもとても大切なことです。食事の前には石けんできれいに洗うようにしましょう。

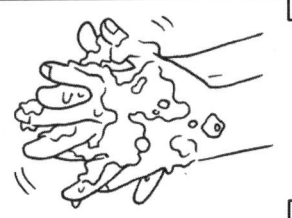

春を感じる食べ物を味わいましょう

春は、さまざまな生命が芽吹く時季で、新芽や新しい葉を食べる野菜などが多く出回ります。たけのこやふきのとう、うどなど少し苦みがある野菜もありますが、春の味を味わってみましょう。

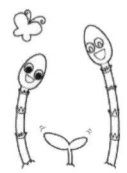

季節の食べ物　春

たけのこ

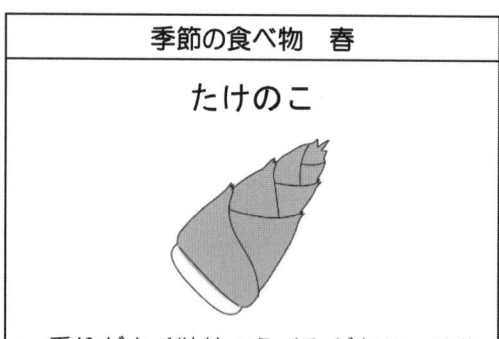

香りがよく独特のえぐみがあり、汁物やたけのこごはんなどで味わいます。

季節の食べ物　春

グリンピース

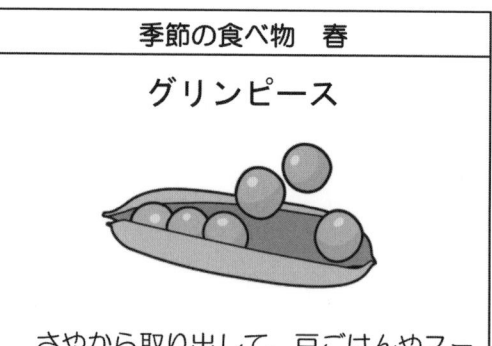

さやから取り出して、豆ごはんやスープなどに使います。

季節の食べ物　春

アスパラガス

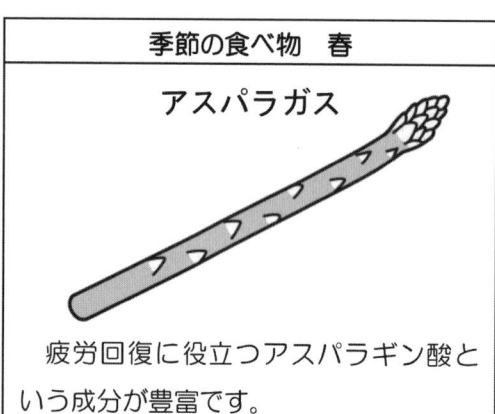

疲労回復に役立つアスパラギン酸という成分が豊富です。

季節の食べ物　春

いちご

1年中出回っていますが、本来の旬は春です。ビタミンCが豊富です。

季節の食べ物　春

甘夏

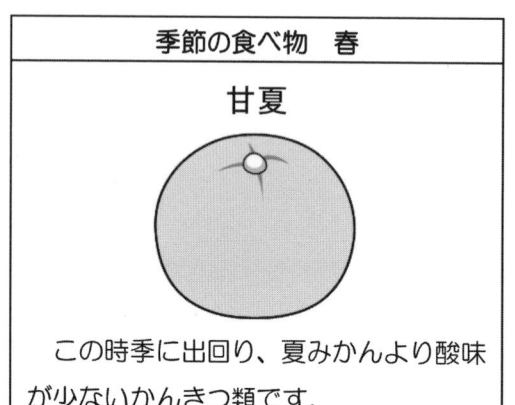

この時季に出回り、夏みかんより酸味が少ないかんきつ類です。

季節の食べ物　春

さわら

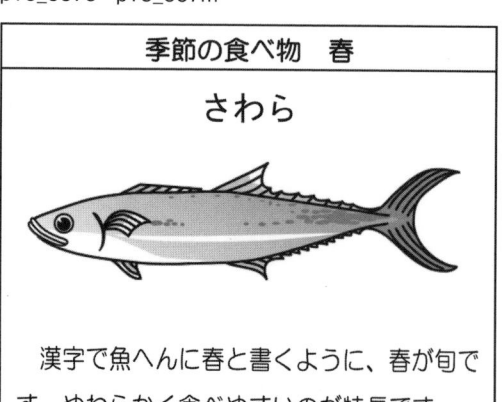

漢字で魚へんに春と書くように、春が旬です。やわらかく食べやすいのが特長です。

p11_001m

知っていますか？　食物アレルギー

食物アレルギーとは、特定の食べ物を食べたり、飲んだり、触ったりすると、肌がかゆくなったりせきが出たりするなどのアレルギー症状があらわれることです。ひどい時は、命にかかわる場合もあります。食物アレルギーの原因となる食べ物は、年齢や人によってさまざまです。

p11_002m

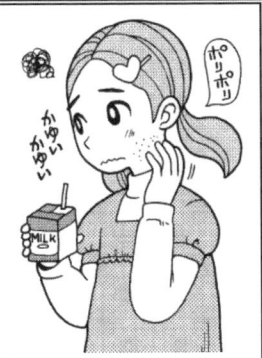

友だちが食物アレルギーだったら

食物アレルギーのため、給食などでみんなと同じものを食べられない場合があります。また、急に具合が悪くなることもありますので、そのような時は、すぐに先生に知らせましょう。

p11_003m

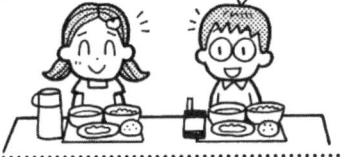

食物アレルギーの原因食品

このほかにもたくさんあります。

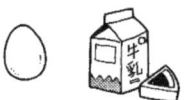

鶏卵

乳製品

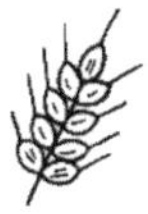

小麦

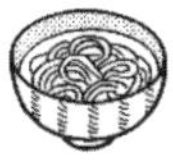

そば

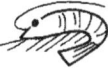

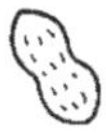

らっかせい

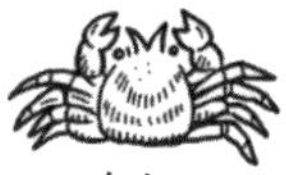

かに

えび

イラスト

01_4gatu → illustration → p11 → color（カラー） / monochrome（モノクロ）

p11_004c　p11_004m

p11_005c　p11_005m

p11_006c　p11_006 m

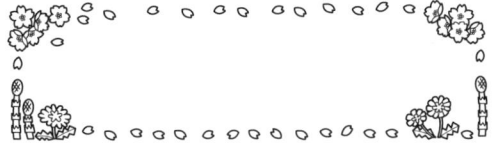

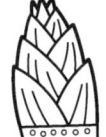

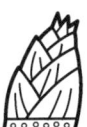

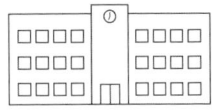

p11_007c　p11_007m

p11_008c　p11_008m

p11_009c　p11_009m

p11_010c　p11_010m

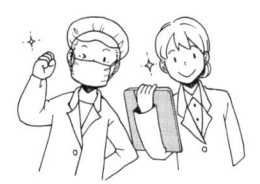

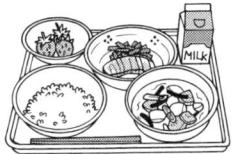

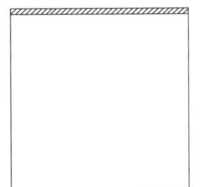

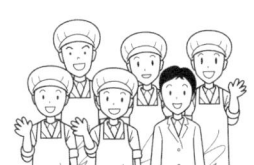

p12_001c p12_001m   p12_002c p12_002m   p12_003c p12_003m   p12_004m

  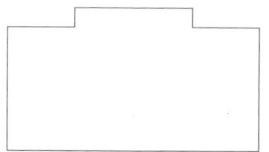 

p12_005c p12_005m   p12_006c p12_006m   p12_007c p12_007m   p12_008c p12_008m

  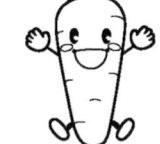 

p12_009c p12_009m   p12_010c p12_010m   p12_011m   p12_012m

  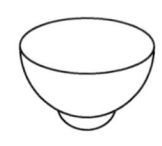 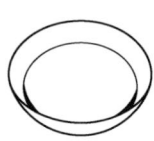

p12_013m   p12_014c p12_014m   p12_015c p12_015m   p12_016c p12_016m

   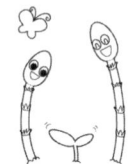

p12_017c p12_017m   p12_018c p12_018m   p12_019c p12_019m   p12_020c p12_020m

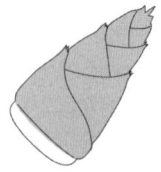 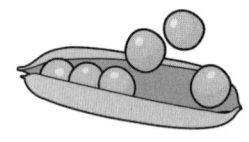 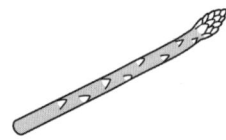 

p12_021c p12_021m   p12_022c p12_022m   p12_023m   p12_024m

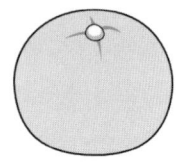 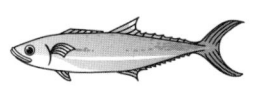  

p13_001m	p13_002m	p13_003m	p13_004m

p13_005m	p13_006m	p13_007m	p13_008m

p13_009m

p13_010m	p13_011m

p13_012m	p13_013m	p13_014m	p13_015m

p13_016m	p13_017m	p13_018m

p13_019m	p13_020m	p13_021m	p13_022m
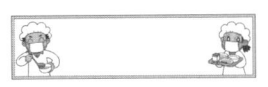			

5月

たより　02_5gatu → tayori　※CD-ROMの中に収録されているフォルダ名を表しています。

p14_001c　p14_001m

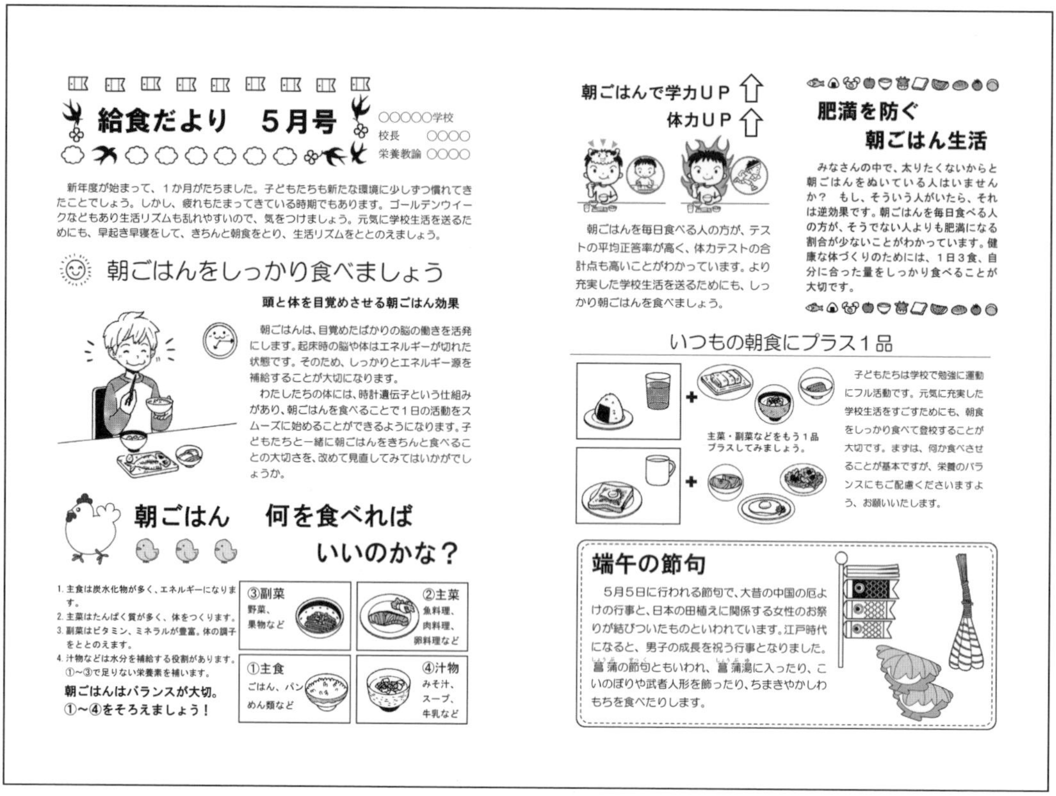

給食だより　5月号
○○○○○学校
校長　○○○○
栄養教諭　○○○○

新年度が始まって、1か月がたちました。子どもたちも新たな環境に少しずつ慣れてきたことでしょう。しかし、疲れもたまってきている時期でもあります。ゴールデンウイークなどもあり生活リズムも乱れやすいので、気をつけましょう。元気に学校生活を送るためにも、早起き早寝をして、きちんと朝食をとり、生活リズムをととのえましょう。

朝ごはんをしっかり食べましょう

頭と体を目覚めさせる朝ごはん効果

朝ごはんは、目覚めたばかりの脳の働きを活発にします。起床時の脳や体はエネルギーが切れた状態です。そのため、しっかりとエネルギー源を補給することが大切になります。
わたしたちの体には、時計遺伝子という仕組みがあり、朝食を食べることで1日の活動をスムーズに始めることができるようになります。子どもたちと一緒に朝ごはんをきちんと食べることの大切さを、改めて見直してみてはいかがでしょうか。

朝ごはん　何を食べればいいのかな？

1. 主食は炭水化物が多く、エネルギーになります。
2. 主菜はたんぱく質が多く、体をつくります。
3. 副菜はビタミン、ミネラルが豊富、体の調子をととのえます。
4. 汁物などは水分を補給する役割があります。①～③で足りない栄養素を補います。

朝ごはんはバランスが大切。
①～④をそろえましょう！

① 主食　ごはん、パン、めん類など
② 主菜　魚料理、肉料理、卵料理など
③ 副菜　野菜、果物など
④ 汁物　みそ汁、スープ、牛乳など

朝ごはんで学力UP↑　体力UP↑

朝ごはんを毎日食べる人の方が、テストの平均正答率が高く、体力テストの合計点も高いことがわかっています。より充実した学校生活を送るためにも、しっかり朝ごはんを食べましょう。

いつもの朝食にプラス1品

主菜・副菜などをもう1品プラスしてみましょう。

肥満を防ぐ朝ごはん生活

みなさんの中で、太りたくないからと朝ごはんをぬいている人はいませんか？　もし、そういう人がいたら、それは逆効果です。朝ごはんを毎日食べる人の方が、そうでない人よりも肥満になる割合が少ないことがわかっています。健康な体づくりのためには、1日3食、自分に合った量をしっかり食べることが大切です。

子どもたちは学校で勉強に運動にフル活動しています。元気で充実した学校生活をすごすためにも、朝食をしっかり食べて登校することが大切です。まずは、何か食べさせることが基本ですが、栄養のバランスにもご配慮くださいますよう、お願いいたします。

端午の節句

5月5日に行われる節句で、大昔の中国の厄よけの行事と、日本の田植えに関係する女性のお祭りが結びついたものといわれています。江戸時代になると、男子の成長を祝う行事となりました。菖蒲の節句ともいわれ、菖蒲湯に入ったり、こいのぼりや武者人形を飾ったり、ちまきやかしわもちを食べたりします。

5月の予定

八十八夜【雑節】（立春から数えて88日目。茶つみや種まきをはじめる目安）

憲法記念日　5月3日【国民の祝日】
（日本国憲法の施行を記念し、国の成長を期する）

みどりの日　5月4日【国民の祝日】
（自然に親しむとともにその恩恵に感謝し、豊かな心をはぐくむ）

こどもの日　5月5日【国民の祝日】
（こどもの人格を重んじ、こどもの幸福をはかるとともに、母に感謝する）

端午の節句【五節句】（男の子の祭り。菖蒲の節句ともいわれる）

立夏【二十四節気】（夏の気配が感じられる）

母の日　5月の第2日曜日

食育の日　5月19日（毎月19日は食育の日）

小満【二十四節気】（すべてのものが伸びて天地に満ちはじめる）

5月のたよりに載せたい内容例

- 朝食の役割
- 朝ごはんの効果
- 朝ごはんの内容
- 手洗いの重要性
- 端午の節句の由来
- 端午の節句と行事食
- ごみを減らす工夫　など

※文例やイラストなどのデータは、それぞれのページのフォルダに収録されています。

文例　02_5gatu → bunrei → p15 < color（カラー）／ monochrome（モノクロ）

p15_001c　p15_001m

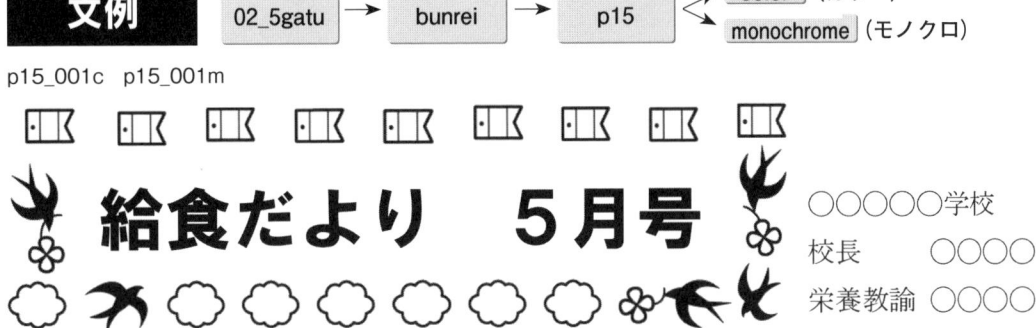

給食だより　5月号

○○○○○学校
校長　　　○○○○
栄養教諭　○○○○

p15_002c　p15_002m

食育だより　5月号

○○○○○○学校
校長　　　　　○○○○○
学校栄養職員　○○○○

p15_003m

　新年度が始まって、1か月がたちました。子どもたちも新たな環境に少しずつ慣れてきたことでしょう。しかし、疲れもたまってきている時期でもあります。ゴールデンウイークなどもあり生活リズムも乱れやすいので、気をつけましょう。元気に学校生活を送るためにも、早起き早寝をして、きちんと朝食をとり、生活リズムをととのえましょう。

p15_004m

　風薫る5月、さわやかな季節となりました。5月5日は「こどもの日」で、国民の祝日です。国民の祝日に関する法律では、「こどもの人格を重んじ、こどもの幸福をはかるとともに、母に感謝する」とあります。また、この日は、端午の節句、菖蒲の節句とも呼ばれています。子どもたちの健やかな成長を願って、これからも給食を提供していきます。

p15_005c　p15_005m

 朝ごはんをしっかり食べましょう

頭と体を目覚めさせる朝ごはん効果

　朝ごはんは、目覚めたばかりの脳の働きを活発にします。起床時の脳や体はエネルギーが切れた状態です。そのため、しっかりとエネルギー源を補給することが大切になります。
　わたしたちの体には、時計遺伝子という仕組みがあり、朝ごはんを食べることで1日の活動をスムーズに始めることができるようになります。子どもたちと一緒に朝ごはんをきちんと食べることの大切さを、改めて見直してみてはいかがでしょうか。

p16_001c　p16_001m

朝ごはん　何を食べれば いいのかな？

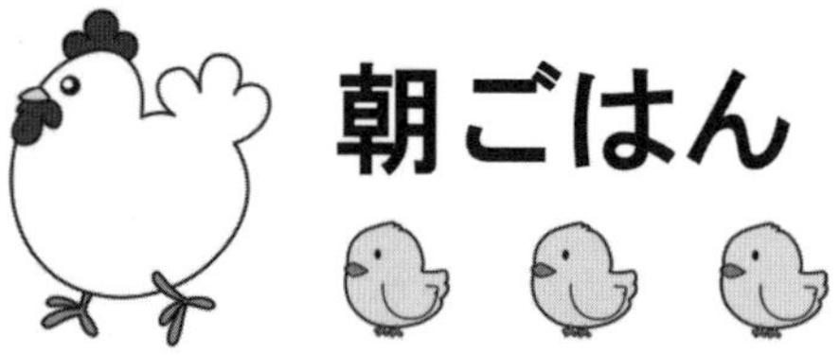

①主食は炭水化物が多く、エネルギーになります。
②主菜はたんぱく質が多く、体をつくります。
③副菜はビタミン、ミネラルが豊富。体の調子をととのえます。
④汁物などは水分を補給する役割があります。①～③で足りない栄養素を補います。

朝ごはんはバランスが大切。
①～④をそろえましょう！

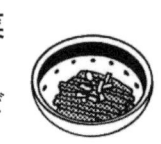

③副菜
野菜、
果物など

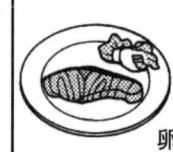

②主菜
魚料理、
肉料理、
卵料理など

①　主食
ごはん、パン
めん類など

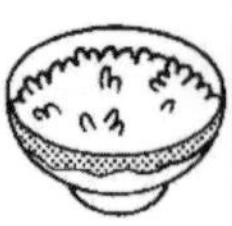

④汁物
みそ汁、
スープ、
牛乳など

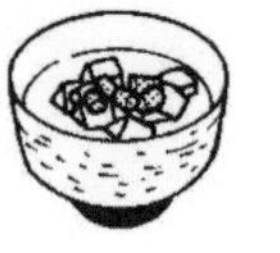

p16_002c　p16_002m

朝ごはんで学力ＵＰ ⇧
体力ＵＰ ⇧

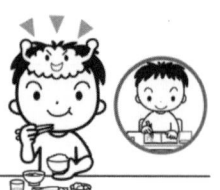

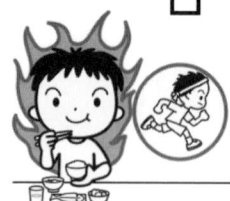

　朝ごはんを毎日食べる人の方が、テストの平均正答率が高く、体力テストの合計点も高いことがわかっています。より充実した学校生活を送るためにも、しっかり朝ごはんを食べましょう。

p16_003c　p16_003m

肥満を防ぐ 朝ごはん生活

　みなさんの中で、太りたくないからと朝ごはんをぬいている人はいませんか？　もし、そういう人がいたら、それは逆効果です。朝ごはんを毎日食べる人の方が、そうでない人よりも肥満になる割合が少ないことがわかっています。健康な体づくりのためには、１日３食、自分に合った量をしっかり食べることが大切です。

p16_004m

家族一緒に朝ごはんを食べましょう！

　平成 24 年の内閣府の調査によると、朝ごはんを家族と一緒に食べる「共食」の回数は週平均 4.3 回です。共食は、コミュニケーションがとれ、マナーを見直す場にもなり、子どもたちによい影響を与えます。家族一緒に朝ごはんを食べることを習慣づけましょう。

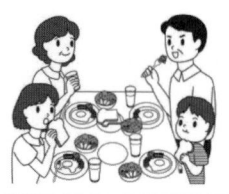

朝ごはんで元気に1日をスタートしよう！

　朝からだるい、集中力がないという人はいませんか？　朝ごはんを食べると、においをかいだり、かんだり、味わったり、のみ込んだりすることで脳が刺激を受けます。さらに、胃腸が動き始め、体温が上がって、体全体が目覚めていきます。いつもより少し早く起きて、朝ごはんをしっかり食べ、1日の生活リズムをととのえましょう。

いつもの朝食にプラス1品

主菜・副菜などをもう1品プラスしてみましょう。

　子どもたちは学校で勉強に運動にフル活動です。元気に充実した学校生活をすごすためにも、朝食をしっかり食べて登校することが大切です。まずは、何か食べさせることが基本ですが、栄養のバランスにもご配慮くださいますよう、お願いいたします。

かんたん！朝ごはんレシピ　もやし卵どんぶり

もやしを炒めてしんなりしたら、卵を割り入れて塩こしょうを入れ、ふたをして弱火で5分加熱します。茶わんにごはんを盛り、上にのせてでき上がり。

かんたん！朝ごはんレシピ　のりじゃこトースト

じゃこにマヨネーズを混ぜて、食パンの上にのせます。その上に小さくちぎったのりとチーズをのせて、トースターで焼いてでき上がり。

p18_001m

調理の時に覚えておきたい 野菜のいろいろな切り方

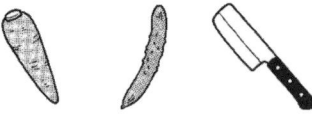

輪切り

いちょう切り

くし形切り

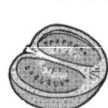

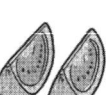

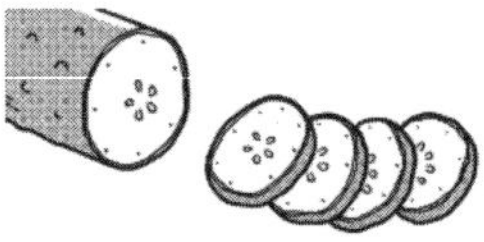

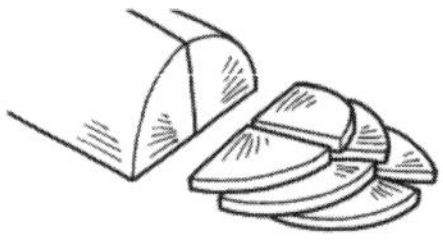

せん切り

たんざく切り

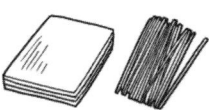

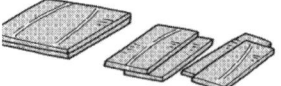

いろんな
切り方を
覚えようね！

p18_002m

ち ま き

大昔の中国の詩人で政治家だった、屈原の死を悲しむ人々が、竹の筒に米を入れて川に投げて供えました。その後、米を葉で包んで五色の糸でしばったものが供えられたといい、これがちまきの原型といわれています。

p18_003m

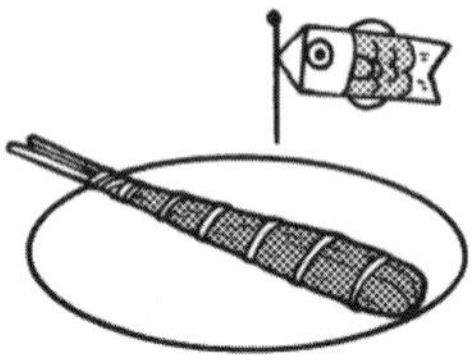

かしわもち

かしわもちは江戸時代の頃から広まったといわれています。かしわの葉は、新芽が育つまで古い葉が落ちないことから、跡継ぎが絶えないようにという願いが込められています。

p18_004c　p18_004m

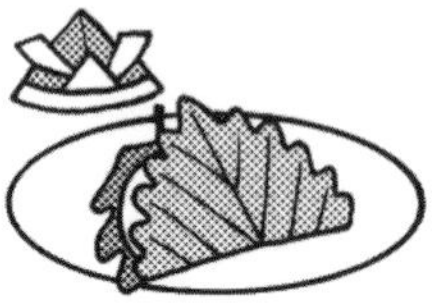

端午の節句

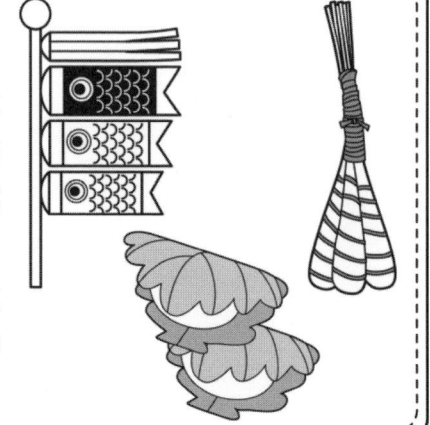

5月5日に行われる節句で、大昔の中国の厄よけの行事と、日本の田植えに関係する女性のお祭りが結びついたものといわれています。江戸時代になると、男子の成長を祝う行事となりました。菖蒲（しょうぶ）の節句（せっく）ともいわれ、菖蒲湯（しょうぶゆ）に入ったり、こいのぼりや武者人形を飾ったり、ちまきやかしわもちを食べたりします。

ごみを減らす工夫をしましょう

　ごみの発生を少なくするために、自分たちができることを考えてみましょう。例えば、買い物の時に本当に必要なものかを考える、ごみとして捨てる前に再利用できないかを考える、資源ごみの分別収集に協力するなどです。

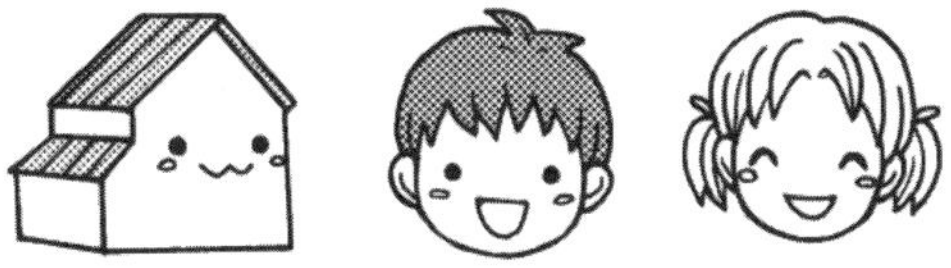

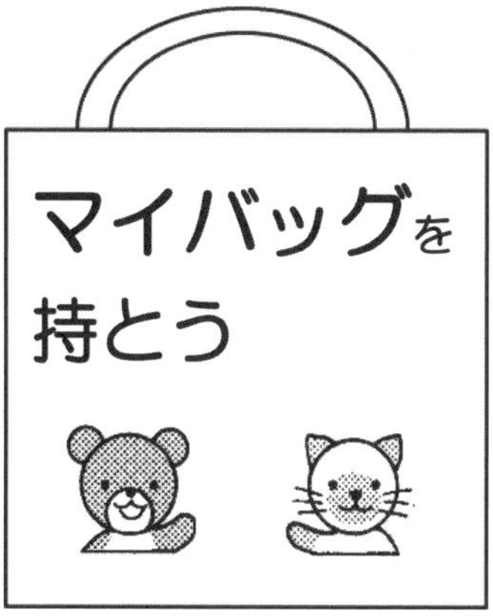

マイバッグを持とう

もったいない精神を大切に！

　ノーベル平和賞を受賞した故ワンガリ・マータイさんは、日本語の「もったいない」という言葉に深く感銘を受け、それを広めました。みなさんも身近にある「もったいない」ことについて考えてみましょう。

イラスト　02_5gatu → illustration → p19　＜ color （カラー） / monochrome （モノクロ）

p19_004c　p19_004m　　　　p19_005c　p19_005m　　p19_006c　p19_006m

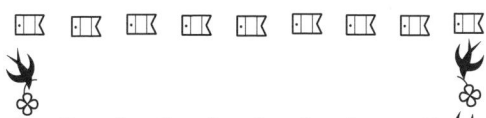   

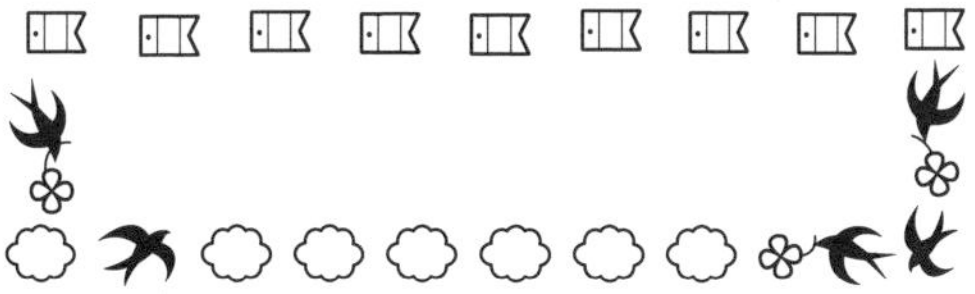

p19_007c　p19_007m　　p19_008c　p19_008m　　　　　　p19_009c　p19_009m

p20_001c p20_001m   p20_002c p20_002m   p20_003c p20_003m   p20_004c p20_004m

p20_005c p20_005m   p20_006c p20_006m   p20_007m   p20_008m

p20_009c p20_009m   p20_010c p20_010m   p20_011c p20_011m   p20_012c p20_012m

p20_013c p20_013m   p20_014c p20_014m   p20_015c p20_015m   p20_016c p20_016m

p20_017c p20_017m   p20_018c p20_018m   p20_019m   p20_020m

p20_021m   p20_022m   p20_023m   p20_024m

6月

たより　03_6gatu → tayori

※CD-ROMの中に収録されているフォルダ名を表しています。

p22_001c　p22_001m

給食だより　6月号

○○○○学校
校長　○○○○
栄養教諭　○○○○

6月は「食育月間」で、毎月19日は「食育の日」です。子どもたちにとって、健全な食生活を送ることはとても大切です。心身の成長にも大きく影響しますので、この機会に普段の食生活を見直してみませんか？　また、6月4日～10日は「歯と口の健康週間」です。食事の時にはしっかりとかんで、健康な生活を送りましょう。

よくかんで食べましょう！

消化を助ける
よくかむことで、食べ物が小さくなり、だ液（消化を助ける成分が含まれている）とよく混ざって胃に送られます。

脳の働きを活性化する
あごの筋肉を動かすことで顔の周りの血管などが刺激され、脳の血流がよくなって脳の働きが活発になるといわれています。

かむことの4つの効果

肥満を予防する
よくかむことで、脳にある満腹中枢が刺激されて満腹感を感じるため、食べすぎを防ぐことができます。

むし歯を予防する
だ液には食べかすを取るなど口の中をそうじしてくれる働きがあります。よくかむことでだ液が多く出ます。

かむことと脳の関係とは？

かむことで、あごの筋肉が動き、周りの血管や神経が刺激されて脳の血流がよくなります。そして、脳の働きが活発になり、記憶力や集中力が高まるのです。また、脳にある満腹中枢が刺激されると「おなかがいっぱい」と感じるため、食べすぎを防止する効果もあります。

給食に登場！ かみごたえのある食品で かむ力アップ

学校給食では「かみかみ献立」として、さまざまなかみごたえのある料理を提供しています。ご家庭でもかむ回数を増やすために、食物繊維の多い野菜や海そう、きのこ、筋繊維のしっかりした牛肉・豚肉などのかみごたえのある食品を積極的に取り入れてみてはいかがでしょうか。

かまない子が増えています！

みなさんは、よくかんで食事をしていますか？　やわらかい食べ物ばかりを食べていると、かむ力が衰えてしまいます。よくかむことは、肥満を防いだり脳の働きをよくしたりするなど健康に深くかかわっています。

毎年6月は「食育月間」
毎月19日は「食育の日」
自分たちの食生活を見直しましょう。

食中毒が増える時期です

高温多湿になり、食中毒の発生が増えるため注意が必要です。おもな食中毒を知り、予防に努めましょう。

サルモネラ
おもな原因食品は、とり肉や卵、レバーなどで取り扱いに注意しましょう。手洗いうがいを忘れずに！

ヒスタミン
おもに、まぐろ、さば、さんま、いわし、あじなどの赤身魚や加工品が原因です。唇や舌に刺激を感じたら食べないように！

カンピロバクター
とり肉が原因となることが多いようですが、不明なものもあります。食品を十分に加熱し、調理器具もよく殺菌しましょう。

腸管出血性大腸菌
O157がよく知られています。食品の十分な加熱（75℃で1分以上）をすることや生肉などを食べないなどの注意が必要です。

食中毒予防の基本は手洗いです！

6月の予定

食育月間
環境月間
歯と口の健康週間　6月4日～10日
環境の日　6月5日
芒種【二十四節気】（稲などを植える頃）
入梅【雑節】（梅雨の雨が降り始める頃）
父の日　6月の第3日曜日
食育の日　6月19日（毎月19日は食育の日）
夏至【二十四節気】（昼の長さがもっとも長くなる）

6月のたよりに載せたい内容例

- かむことの大切さ
- かみごたえのある食品
- カルシウムを多く含む食品
- むし歯予防
- 食中毒予防
- 食育月間について　など

※文例やイラストなどのデータは、それぞれのページのフォルダに収録されています。

文例　03_6gatu → bunrei → p23 ＜ color（カラー）／ monochrome（モノクロ）

p23_001c　p23_001m

給食だより　6月号

○○○○○学校
校長　　　○○○○
栄養教諭　○○○○

p23_002c　p23_002m

食育だより　6月号

○○○○○○学校
校長　　　　　○○○○
学校栄養職員　○○○○

p23_003m

　6月は「食育月間」で、毎月19日は「食育の日」です。子どもたちにとって、健全な食生活を送ることはとても大切です。心身の成長にも大きく影響しますので、この機会に普段の食生活を見直してみませんか？　また、6月4日〜10日は「歯と口の健康週間」です。食事の時にはしっかりとかんで、健康な生活を送りましょう。

p23_004m

　梅雨時は、気温や湿度が上がって食中毒が発生しやすくなります。食中毒予防の基本は手洗いです。石けんを泡立ててしっかりと手を洗う習慣をつけるようにしましょう。食品の保存や調理の際には、衛生面にも十分気をつけることが大切です。食中毒などにかからないためにも、日頃の生活をととのえて免疫力を高めるようにしましょう。

p23_005c　p23_005m

よくかんで食べましょう！　かむことの4つの効果

　よくかむことで、食べ物が小さくなり、だ液（消化を助ける成分が含まれている）とよく混ざって胃に送られます。

消化を助ける

　よくかむことで、脳にある満腹中枢が刺激されて満腹感を感じるため、食べすぎを防ぐことができます。

肥満を予防する

脳の働きを活性化する

　あごの筋肉を動かすことで顔の周りの血管などが刺激され、脳の血流がよくなって脳の働きが活発になるといわれています。

むし歯を予防する

　だ液には食べかすを取るなど口の中をそうじしてくれる働きがあります。よくかむことでだ液が多く出ます。

かむことと脳の関係とは？

かむことで、あごの筋肉が動き、周りの血管や神経が刺激されて脳の血流がよくなります。そして、脳の働きが活発になり、記憶力や集中力が高まるのです。また、脳にある満腹中枢が刺激されると「おなかがいっぱい」と感じるため、食べすぎを防止する効果もあります。

かみごたえのある食品で かむ力アップ

学校給食では「かみかみ献立」として、さまざまなかみごたえのある料理を提供しています。ご家庭でもかむ回数を増やすために、食物繊維の多い野菜や海そう、きのこ、筋繊維のしっかりした牛肉・豚肉などのかみごたえのある食品を積極的に取り入れてみてはいかがでしょうか。

かまない子が増えています！

みなさんは、よくかんで食事をしていますか？ やわらかい食べ物ばかり食べていると、かむ力が衰えてしまいます。よくかむことは、肥満を防いだり脳の働きをよくしたりするなど健康に深くかかわっています。

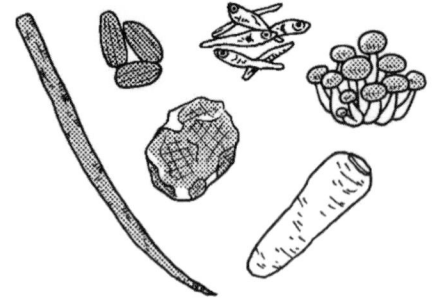

よくかんでいますか？

よくかむと体によいことがたくさん！

食べ方チェック！

かむことは食べることの原点です。自分の食べ方を見直しましょう。

- 食べるのがとても早い　☐
- 食べるのが遅すぎる　☐
- 食べ物を口からよくこぼす　☐
- かたいものが食べにくい　☐

チェックがついた人は、よくかまない、またはよくかめない人かもしれません。よくかんでいない人は、かむことを意識して食べるようにしましょう。よくかめない人は、歯科医に相談してみましょう。

6月は食育月間です！

6月4日～10日は歯と口の健康週間です

丈夫な歯で、しっかりかむことは、健康な生活をするためにとても大切です。食後には歯みがきやうがいをして、むし歯を防ぎましょう。

かむ回数を数えてみたことがありますか？

562回　**1019回**

ファストフード　和食

かむ回数をくらべると、ファストフードは562回、和食は1019回と2倍近くの差があります。この結果から、食べ物によってかむ回数がかわることがわかります。和食はかみごたえのある食材が多く使われている一方、ファストフードは加工した食べ物や油が多く使われていて、口当たりのよいことが原因のようです。

資料：『誰も気づかなかった噛む効用』日本咀嚼学会編 窪田金次郎監修 日本教文社刊／『育てようかむ力』柳沢幸江著 少年写真新聞社刊

今月は「食育月間」です

？ 食育って何でしょう ？

近年、朝食の欠食や孤食など、「食」をめぐる問題が多く見られます。

食育は、生きる上での基本となるものです。食に関する知識や選択する能力を取得し、健全な食生活を実践することができるように、食育の推進が求められています。

子どもたちの食育には、家庭、学校、地域が連携してすすめることが必要です。ご家庭でのご理解・ご協力をお願いいたします。

毎年6月は「食育月間」
毎月19日は「食育の日」

自分たちの食生活を見直しましょう。

食中毒に注意！

においや見た目だけではわからないものもあります。
食材の保管や残り物を利用する時には気をつけてください。

カルシウムが豊富な牛乳を休日にもとりましょう！

牛乳は、たんぱく質、脂質、カルシウム、ビタミンなどをバランスよく含んでいます。また、牛乳のカルシウムは体内での吸収率が高いため、成長期の子どもたちの骨の形成や骨粗しょう症の予防などに効果的です。休日にも牛乳を積極的にとるようにしましょう。

p27_001c　p27_001m

食中毒 が増える時期です

高温多湿になり、食中毒の発生が増えるため注意が必要です。おもな食中毒を知り、予防に努めましょう。

サルモネラ

おもな原因食品は、とり肉や卵、レバーなので取り扱いに注意しましょう。手洗いやうがいを忘れずに！

カンピロバクター

とり肉が原因となることが多いようですが、不明なものもあります。食品を十分に加熱し、調理器具なども殺菌しましょう。

ヒスタミン

おもに、まぐろ、さば、さんま、いわし、あじなどの赤身魚や加工品が原因です。唇や舌に刺激を感じたら食べないように！

腸管出血性大腸菌

０１５７がよく知られています。食品の十分な加熱（75℃１分以上）をすることや生肉などを食べないなどの注意が必要です。

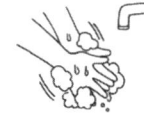

食中毒予防の基本は手洗いです！

p27_002m

成長期に大切なカルシウムがたくさん含まれた食品をとりましょう

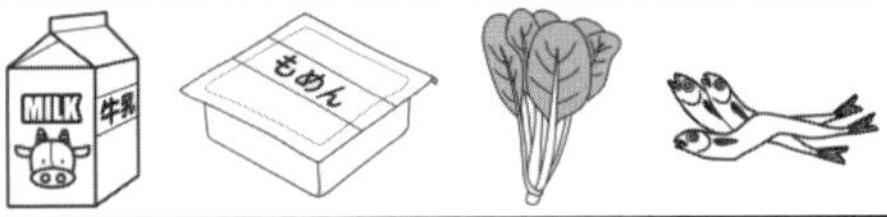

イラスト

03_6gatu → illustration → p27 → color（カラー） / monochrome（モノクロ）

p27_003c　p27_003m

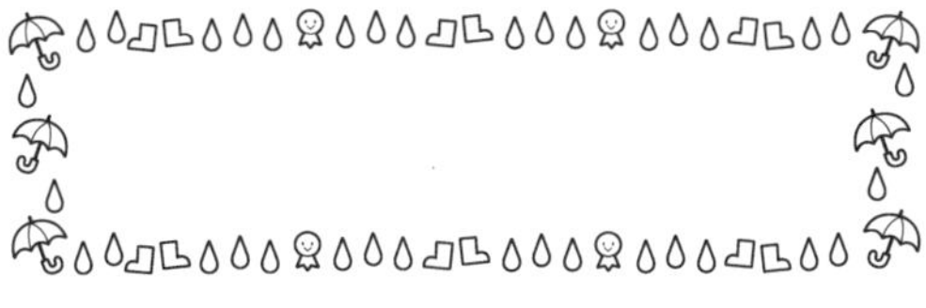

p27_004c　p27_004m

p27_005c　p27_005m

p27_006c　p27_006m

p27_007c　p27_007m

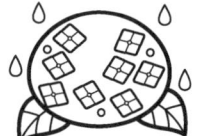

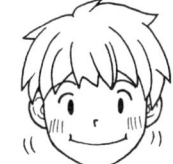

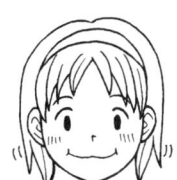

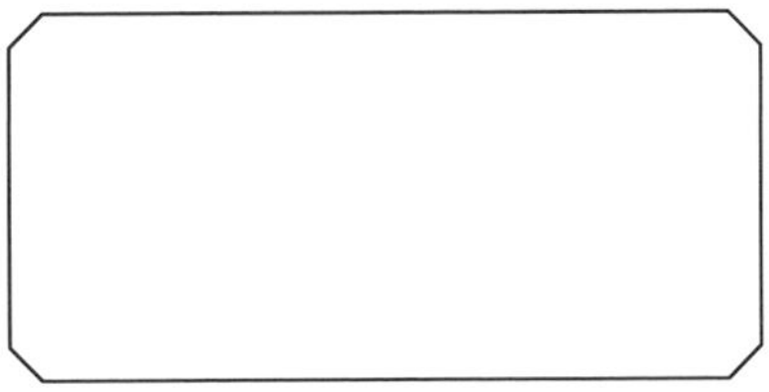

p27_008c　p27_008m

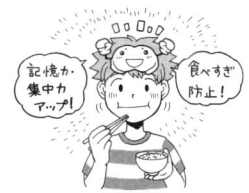

p28_001c p28_001m   p28_002c p28_002m    p28_003c p28_003m

 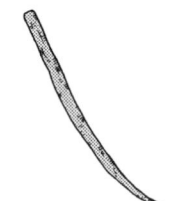

p28_004c p28_004m   p28_005c p28_005m   p28_006c p28_006m   p28_007c p28_007m

p28_008c p28_008m   p28_009c p28_009m   p28_010m   p28_011m

p28_012m   p28_013m   p28_014m   p28_015m

p28_016m   p28_017m   　 p28_018m

p28_019m 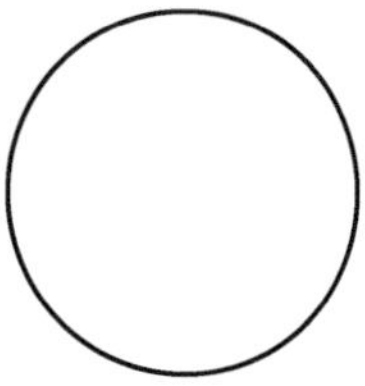   p28_020m   p28_021m   p28_022m

28　給食＆食育だよりセレクトブック　©少年写真新聞社

※このページに掲載しきれなかったイラストは、CD-ROM内に収録してあります。

7月

たより　04_7gatu → tayori　　※CD-ROMの中に収録されているフォルダ名を表しています。

p30_001c　p30_001m

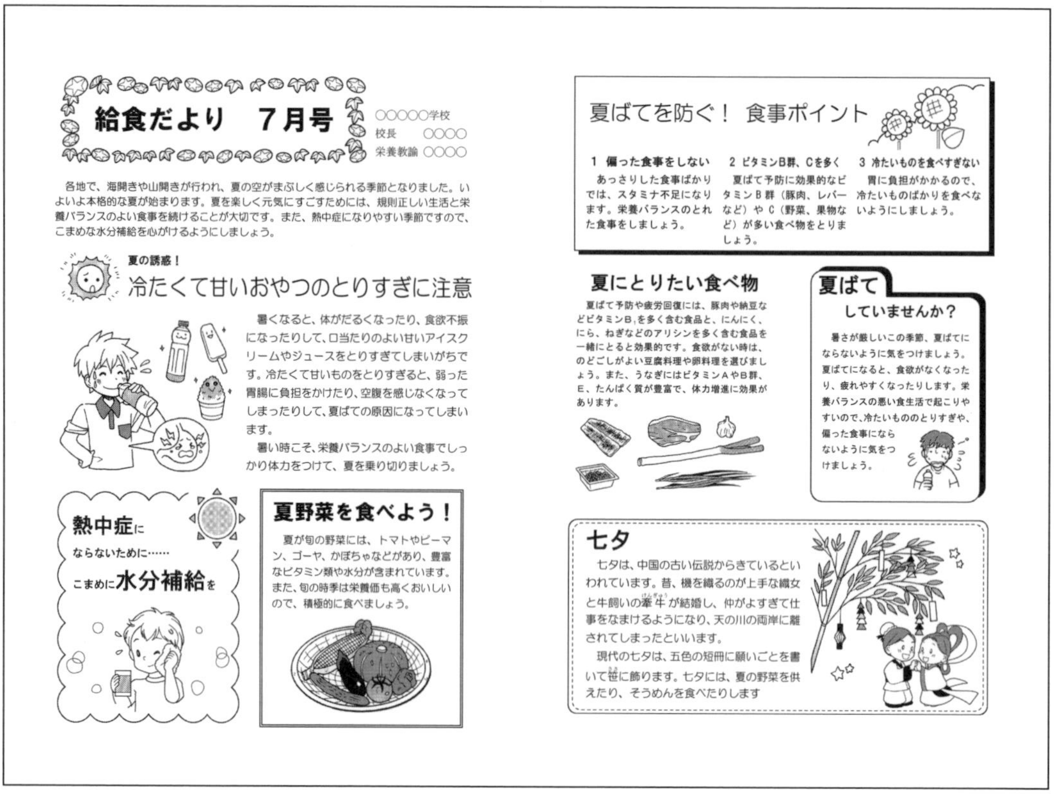

給食だより　7月号

○○○○○学校
校長　○○○○
栄養教諭　○○○○

各地で、海開きや山開きが行われ、夏の空がまぶしく感じられる季節となりました。いよいよ本格的な夏が始まります。夏を楽しく元気にすごすためには、規則正しい生活と栄養バランスのよい食事を続けることが大切です。また、熱中症になりやすい季節ですので、こまめな水分補給を心がけるようにしましょう。

夏の誘惑！冷たくて甘いおやつのとりすぎに注意

暑くなると、体がだるくなったり、食欲不振になったりして、口当たりのよい甘いアイスクリームやジュースをとりすぎてしまいがちです。冷たくて甘いものをとりすぎると、弱った胃腸に負担をかけたり、空腹を感じなくなってしまったりして、夏ばての原因になってしまいます。

暑い時こそ、栄養バランスのよい食事でしっかり体力をつけて、夏を乗り切りましょう。

熱中症にならないために……こまめに水分補給を

夏野菜を食べよう！

夏が旬の野菜には、トマトやピーマン、ゴーヤ、かぼちゃなどがあり、豊富なビタミン類や水分が含まれています。また、旬の時季は栄養価も高くおいしいので、積極的に食べましょう。

夏ばてを防ぐ！食事ポイント

1　偏った食事をしない
あっさりした食事ばかりでは、スタミナ不足になります。栄養バランスのとれた食事をしましょう。

2　ビタミンB群、Cを多く
夏ばて予防に効果的なビタミンB群（豚肉、レバーなど）やC（野菜、果物など）が多い食物をとりましょう。

3　冷たいものをすぎない
胃に負担がかかるので、冷たいものばかりを食べないようにしましょう。

夏にとりたい食べ物

夏バテ予防や疲労回復には、豚肉や納豆などビタミンBを多く含む食品と、にんにく、にら、ねぎなどのアリシンを多く含む食品を一緒にとると効果的です。食欲がない時は、のどごしのよい豆腐料理や卵料理を選びましょう。また、うなぎにはビタミンAやB群、E、たんぱく質が豊富で、体力増進に効果があります。

夏ばてしていませんか？

暑さが厳しいこの季節、夏ばてにならないように気をつけましょう。夏ばてになると、食欲がなくなったり、疲れやすくなったりします。栄養バランスの悪い食生活で起こりやすいので、冷たいもののとりすぎや、偏った食事にならないように気をつけましょう。

七夕

七夕は、中国の古い伝説からきているといわれています。昔、機を織るのが上手な織女と牛飼いの牽牛が結婚し、仲がよすぎて仕事をなまけるようになり、天の川の両岸に離されてしまったといいます。

現代の七夕は、五色の短冊に願いごとを書いて笹に飾ります。七夕には、夏の野菜を供えたり、そうめんを食べたりします

7月の予定

熱中症予防強化月間

半夏生【雑節】 (夏至から11日目)

七夕【五節句】 (短冊に願いごとを書き、笹につるす。古くは機織りや裁縫の上達を願ったという)

小暑【二十四節気】 (暑気に入り梅雨が明ける頃)

食育の日　7月19日 (毎月19日は食育の日)

海の日　7月の第3月曜日【国民の祝日】
(海の恩恵に感謝するとともに、海洋国日本の繁栄を願う)

大暑【二十四節気】 (夏の暑さがもっとも極まる頃)

夏の土用【雑節】 (立秋の前の18日間)

土用丑の日

7月のたよりに載せたい内容例

- 適切な水分補給
- おやつの選び方
- 夏野菜について
- 夏ばて予防の食事
- 七夕の由来
- 食事環境の工夫
- 旬の食べ物　など

給食だより 7月号

○○○○○学校
校長　　　○○○○
栄養教諭　○○○○

食育だより 7月号

○○○○○○学校
校長　　　　　○○○○
学校栄養職員　○○○○

　各地で、海開きや山開きが行われ、夏の空がまぶしく感じられる季節となりました。いよいよ本格的な夏が始まります。夏を楽しく元気にすごすためには、規則正しい生活と栄養バランスのよい食事を続けることが大切です。また、熱中症になりやすい季節ですので、こまめな水分補給を心がけるようにしましょう。

　暑い夏の到来です。夏休みが始まると、食生活も乱れがちになりますので、注意しましょう。特に夜ふかしをして朝起きるのが遅くなると、朝食ぬきの生活に陥りやすくなります。1日2食では、栄養不足になったり生活リズムがくずれたりしてしまいますので、休み中も規則正しい食生活を送ることが大切です。

夏の誘惑！
冷たくて甘いおやつのとりすぎに注意

　暑くなると、体がだるくなったり、食欲不振になったりして、口当たりのよい甘いアイスクリームやジュースをとりすぎてしまいがちです。冷たくて甘いものをとりすぎると、弱った胃腸に負担をかけたり、空腹を感じなくなってしまったりして、夏ばての原因になってしまいます。

　暑い時こそ、栄養バランスのよい食事でしっかり体力をつけて、夏を乗り切りましょう。

熱中症に ならないために…… こまめに水分補給を

夏野菜を食べよう！

夏が旬の野菜には、トマトやピーマン、ゴーヤ、かぼちゃなどがあり、豊富なビタミン類や水分が含まれています。また、旬の時季は栄養価も高くおいしいので、積極的に食べましょう。

運動中の水分補給について

部活動などで運動をしている時は、たくさん汗をかくことから、こまめに水分をとることが大切です。たくさん汗をかく時の水分補給には、塩分が含まれている水やスポーツドリンクが適しています。熱中症を予防するためにも、「のどがかわく前に」、「こまめに」水分を補給するようにしましょう。

冷蔵庫に常備する飲み物について

ご家庭では、いつもどのような飲み物が冷蔵庫に入っていますか？ 日常的な飲み物として望ましいのは水や麦茶です。清涼飲料やスポーツ飲料などは、糖分が多く含まれているので、水がわりにたくさん飲むのはひかえましょう。

夏ばてを防ぐ！ 食事ポイント

1 偏った食事をしない
あっさりした食事ばかりでは、スタミナ不足になります。栄養バランスのとれた食事をしましょう。

2 ビタミンB群、Cを多く
夏ばて予防に効果的なビタミンB群（豚肉、レバーなど）やC（野菜、果物など）が多い食べ物をとりましょう。

3 冷たいものを食べすぎない
胃に負担がかかるので、冷たいものばかりを食べないようにしましょう。

夏にとりたい食べ物

夏ばて予防や疲労回復には、豚肉や納豆などビタミンB_1を多く含む食品と、にんにく、にら、ねぎなどのアリシンを多く含む食品を一緒にとると効果的です。食欲がない時は、のどごしがよい豆腐料理や卵料理を選びましょう。また、うなぎにはビタミンAやB群、E、たんぱく質が豊富で、体力増進に効果があります。

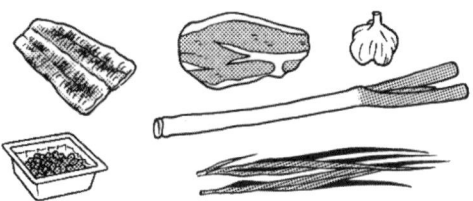

夏ばてしていませんか？

暑さが厳しいこの季節、夏ばてにならないように気をつけましょう。夏ばてになると、食欲がなくなったり、疲れやすくなったりします。栄養バランスの悪い食生活で起こりやすいので、冷たいもののとりすぎや、偏った食事にならないように気をつけましょう。

本当に必要！？ ダイエット

最近、必要のないダイエットをする人が増えています。成長期に無理なダイエットをすると栄養不足や身長が伸びにくくなるなど、体に悪い影響がありますので注意が必要です。

生活リズムの乱れに注意！

夏休み中も、朝・昼・夜、1日3食のリズムを守りましょう。

夏が旬の食べ物を食べましょう

夏は、太陽の恵みをいっぱい浴びた、おいしい夏野菜や果物が豊富です。旬の時季は栄養価も高まりますので、ぜひ毎日の食卓で取り入れたいものです。

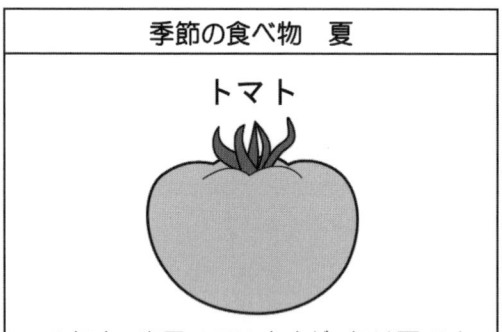

季節の食べ物　夏

トマト

1年中、出回っていますが、旬は夏です。抗酸化作用のあるリコピンが豊富です。

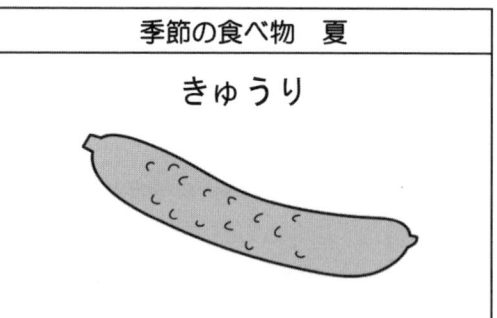

季節の食べ物　夏

きゅうり

水分やカリウムが豊富です。サラダや酢の物、炒め物などで食べられます。

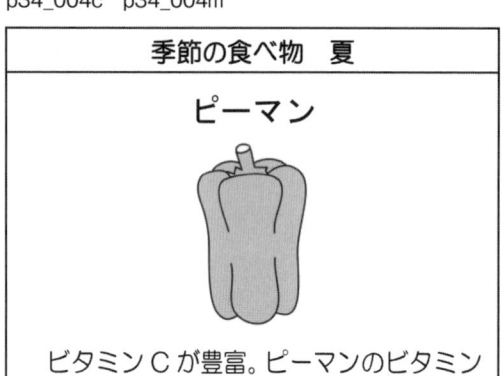

季節の食べ物　夏

ピーマン

ビタミンCが豊富。ピーマンのビタミンCは加熱しても壊れにくいのが特徴です。

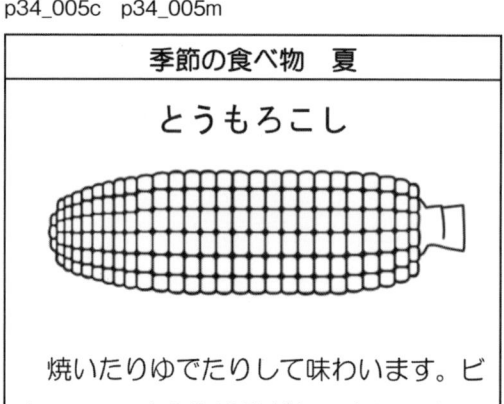

季節の食べ物　夏

とうもろこし

焼いたりゆでたりして味わいます。ビタミンB_1や食物繊維が多い食品です。

季節の食べ物　夏

すいか

夏の味覚を代表する食べ物です。利尿作用があるので、食べすぎに注意しましょう。

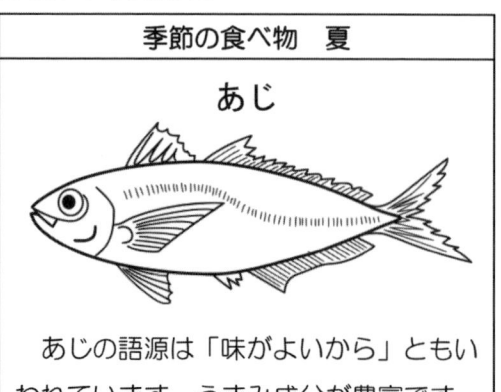

季節の食べ物　夏

あじ

あじの語源は「味がよいから」ともいわれています。うまみ成分が豊富です。

p35_001c　p35_001m

七夕

　七夕は、中国の古い伝説からきているといわれています。昔、機を織るのが上手な織女と牛飼いの牽牛（けんぎゅう）が結婚し、仲がよすぎて仕事をなまけるようになり、天の川の両岸に離されてしまったといいます。

　現代の七夕は、五色の短冊に願いごとを書いて笹（ささ）に飾ります。七夕には、夏の野菜を供えたり、そうめんを食べたりします

p35_002m

夏休みにお手伝いをしましょう

　夏休みには、家族のために食事をつくったり、買い物や後かたづけを手伝ったりしてみましょう。

イラスト　04_7gatu → illustration → p35 ＜ color（カラー）/ monochrome（モノクロ）

p35_003c　p35_003m　　　　p35_004c　p35_004m　　　p35_005c　p35_005m

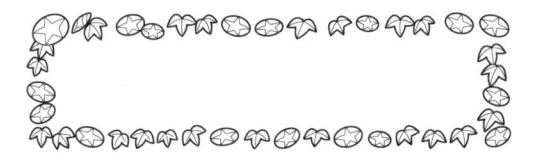

p35_006c　p35_006m　　　　p35_007c　p35_007m　　　p35_008c　p35_008m　　　p35_009c　p35_009m

p36_001c p36_001m   p36_002m    p36_003m    p36_004m

p36_005m 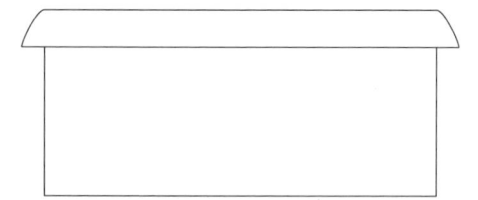   p36_006m    p36_007c p36_007m

p36_008c p36_008m 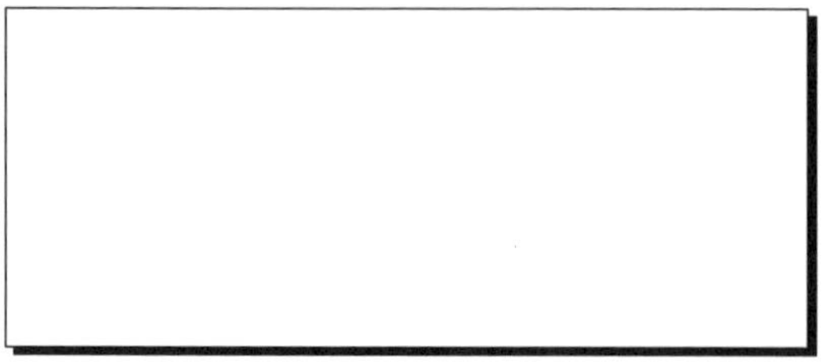   p36_009c p36_009m 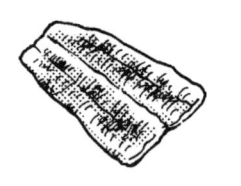   p36_010c p36_010m

p36_011c p36_011m 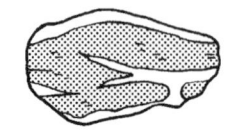   p36_012c p36_012m    p36_013c p36_013m    p36_014c p36_014m

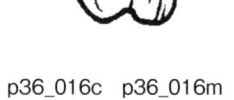

p36_015c p36_015m 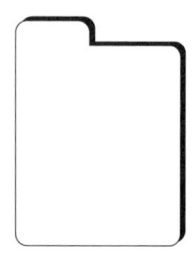   p36_016c p36_016m    p36_017m    p36_018m

p36_019m 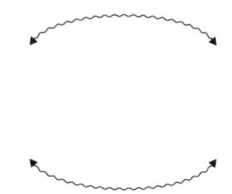   p36_020c p36_020m    p36_021c p36_021m    p36_022c p36_022m

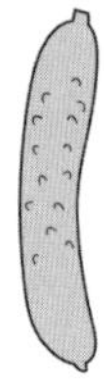

p37_001c p37_001m	p37_002c p37_002m	p37_003c p37_003m	p37_004c p37_004m
p37_005c p37_005m		p37_006c p37_006m	p37_007c p37_007m
p37_008m		p37_009m	p37_010m
p37_011m	p37_012m	p37_013m	p37_014m
p37_015m	p37_016m	p37_017m	p37_018m
p37_019m	p37_020m	p37_021m	p37_022m

9月

たより　05_9gatu → tayori　※CD-ROMの中に収録されているフォルダ名を表しています。

p38_001c　p38_001m

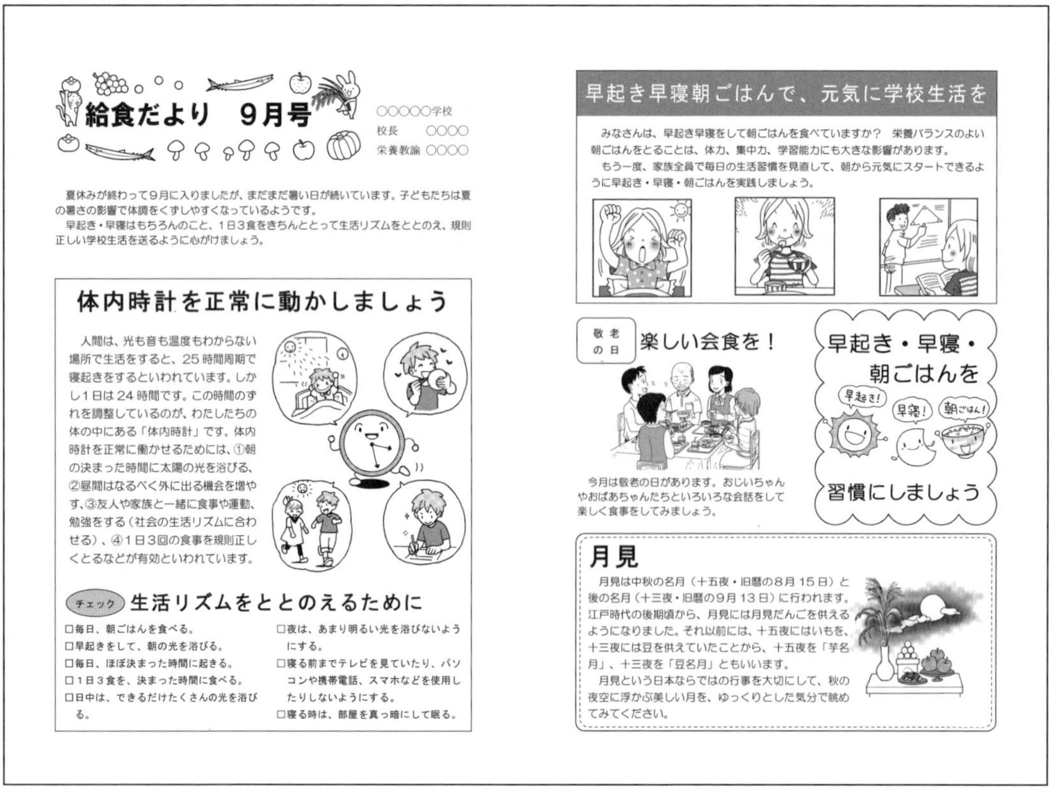

給食だより　9月号

○○○○学校
校長　○○○○
栄養教諭　○○○○

夏休みが終わって9月に入りましたが、まだまだ暑い日が続いています。子どもたちは夏の暑さの影響で体調をくずしやすくなっているようです。
早起き・早寝はもちろんのこと、1日3食をきちんととって生活リズムをととのえ、規則正しい学校生活を送るように心がけましょう。

体内時計を正常に動かしましょう

人間は、光も音も温度もわからない場所で生活をすると、25時間周期で寝起きをするといわれています。しかし1日は24時間です。この時間のずれを調整しているのが、わたしたちの体の中にある「体内時計」です。体内時計を正常に働かせるには、①朝の決まった時間に太陽の光を浴びる、②昼間はなるべく外に出る機会を増やす、③友人や家族と一緒に食事や運動、勉強をする（社会の生活リズムに合わせる）、④1日3食の食事を規則正しくとるなどが有効といわれています。

チェック　生活リズムをととのえるために

- □ 毎日、朝ごはんを食べる。
- □ 早起きをして、朝の光を浴びる。
- □ 毎日、ほぼ決まった時間に起きる。
- □ 1日3食を、決まった時間に食べる。
- □ 日中は、できるだけたくさんの光を浴びる。
- □ 夜は、あまり明るい光を浴びないようにする。
- □ 寝る前までテレビを見ていたり、パソコンや携帯電話、スマホなどを使用したりしないようにする。
- □ 寝る時は、部屋を真っ暗にして眠る。

早起き早寝朝ごはんで、元気に学校生活を

みなさんは、早起き早寝をして朝ごはんを食べていますか？ 栄養バランスのよい朝ごはんをとることは、体力、集中力、学習能力にも大きな影響があります。
もう一度、家族全員で毎日の生活習慣を見直して、朝から元気にスタートできるように早起き・早寝・朝ごはんを実践しましょう。

敬老の日　楽しい会食を！

今月は敬老の日があります。おじいちゃんやおばあちゃんたちといろいろな会話をして楽しく食事をしてみましょう。

早起き・早寝・朝ごはんを習慣にしましょう

月見

月見は中秋の名月（十五夜・旧暦の8月15日）と後の名月（十三夜・旧暦の9月13日）に行われます。江戸時代の後期頃から、月見には月見だんごを供えるようになりました。それ以前には、十五夜にはいもを、十三夜には豆を供えていたことから、十五夜を「芋名月」、十三夜を「豆名月」ともいいます。
月見という日本ならではの行事を大切にして、秋の夜空に浮かぶ美しい月を、ゆっくりとした気分で眺めてみてください。

9月の予定

健康増進普及月間
防災の日　9月1日
二百十日【雑節】（立春から数えて210日目。台風がくる頃）
十五夜
白露【二十四節気】（しら露が草に宿る頃）
重陽の節句【五節句】（菊の節句ともいい、9が重なる縁起のよい日）
二百二十日【雑節】（立春から数えて220日目。台風がくる頃）
彼岸（秋分を中日とし前後3日間ずつの計7日間）
敬老の日　9月の第3月曜日【国民の祝日】
（多年にわたり社会につくしてきた老人を敬愛し、長寿を祝う）
食育の日　9月19日（毎月19日は食育の日）
秋分【二十四節気】（秋の彼岸の中日。昼と夜の長さがほぼ同じ頃）
秋分の日　秋分日【国民の祝日】（祖先をうやまい、なくなった人々をしのぶ）
社日【雑節】（秋分にもっとも近い戊の日）

9月のたよりに載せたい内容例

- ●早起き早寝朝ごはん
- ●生活リズム
- ●正しい配ぜん
- ●敬老の日の会食
- ●月見と行事食
- ●秋においしい食べ物　など

※文例やイラストなどのデータは、それぞれのページのフォルダに収録されています。

文例 　05_9gatu → bunrei → p39 < color（カラー）／ monochrome（モノクロ）

p39_001c　p39_001m

給食だより　9月号

○○○○○学校
校長　　　　○○○○
栄養教諭　○○○○

p39_002c　p39_002m

食育だより　9月号

○○○○○○学校
校長　　　　　　○○○○○○
学校栄養職員　○○○○

p39_003m

　夏休みが終わって9月に入りましたが、まだまだ暑い日が続いています。子どもたちは夏の暑さの影響で体調をくずしやすくなっているようです。
　早起き・早寝はもちろんのこと、1日3食をきちんととって生活リズムをととのえ、規則正しい学校生活を送るように心がけましょう。

p39_004m

　残暑もまだ厳しいようですが、ふとしたところに秋の気配が感じられます。秋は学校でいろいろな行事が行われます。勉強や行事などに充実して取り組むためにも、体調をととのえておくことが大切です。これまでの生活リズムを見直し、早起き・早寝・朝ごはんで朝から元気に学校生活が送れるようにしましょう。

p39_005c　p39_005m

早起き早寝朝ごはんで、元気に学校生活を

　みなさんは、早起き早寝をして朝ごはんを食べていますか？　栄養バランスのよい朝ごはんをとることは、体力、集中力、学習能力にも大きな影響があります。
　もう一度、家族全員で毎日の生活習慣を見直して、朝から元気にスタートできるように早起き・早寝・朝ごはんを実践しましょう。

体内時計を正常に動かしましょう

人間は、光も音も温度もわからない場所で生活をすると、25時間周期で寝起きをするといわれています。しかし1日は24時間です。この時間のずれを調整しているのが、わたしたちの体の中にある「体内時計」です。体内時計を正常に働かせるためには、①朝の決まった時間に太陽の光を浴びる、②昼間はなるべく外に出る機会を増やす、③友人や家族と一緒に食事や運動、勉強をする（社会の生活リズムに合わせる）、④1日3回の食事を規則正しくとるなどが有効といわれています。

チェック 生活リズムをととのえるために

□ 毎日、朝ごはんを食べる。
□ 早起きをして、朝の光を浴びる。
□ 毎日、ほぼ決まった時間に起きる。
□ 1日3食を、決まった時間に食べる。
□ 日中は、できるだけたくさんの光を浴びる。
□ 夜は、あまり明るい光を浴びないようにする。
□ 寝る前までテレビを見ていたり、パソコンや携帯電話、スマホなどを使用したりしないようにする。
□ 寝る時は、部屋を真っ暗にして眠る。

正しく配ぜんしよう！

青魚を食べましょう！

青魚とはいわし、さば、さんまなどの魚のことです。一般的に今が一番脂がのって、おいしい時季です。また、脂にはIPAやDHAといったコレステロール低下作用や脳の働きに重要な成分などが含まれています。

敬老の日 楽しい会食を！

今月は敬老の日があります。おじいちゃんやおばあちゃんたちといろいろな会話をして楽しく食事をしてみましょう。

早起き・早寝・朝ごはんを習慣にしましょう

早起き！　早寝！　朝ごはん！

生活リズム
～朝食のとり方を見直そう～

みなさんは朝食をきちんと食べていますか？　朝ごはんは、栄養を補給するだけではありません。食べ物を見る、かんで食べる、胃に食べ物が送られるなどの一連の動作で体が目覚めます。朝食の必要性を知り、毎日きちんと食べましょう。

月見

月見は中秋の名月（十五夜・旧暦の8月15日）と後の名月（十三夜・旧暦の9月13日）に行われます。江戸時代の後期頃から、月見には月見だんごを供えるようになりました。それ以前には、十五夜にはいもを、十三夜には豆を供えていたことから、十五夜を「芋名月」、十三夜を「豆名月」ともいいます。

月見という日本ならではの行事を大切にして、秋の夜空に浮かぶ美しい月を、ゆっくりとした気分で眺めてみてください。

秋の味覚を楽しみましょう

秋は、日本人の食生活に欠かせない米が収穫される季節です。また、かきやりんごなどの果物が実り、ぎんなんやくりなど、さまざまな秋の味覚を楽しむことができます。

季節の食べ物　秋
さんま

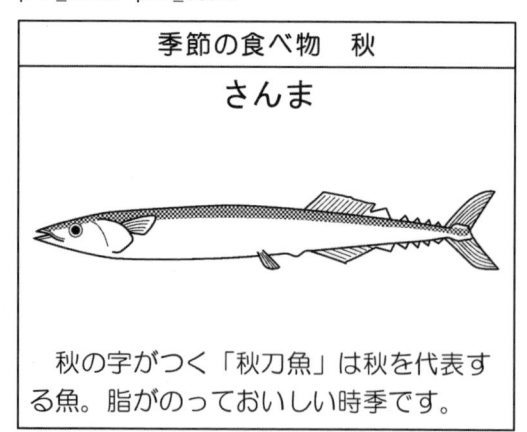

秋の字がつく「秋刀魚」は秋を代表する魚。脂がのっておいしい時季です。

季節の食べ物　秋
米

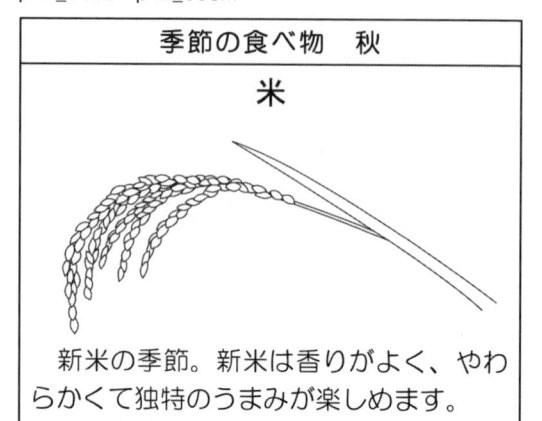

新米の季節。新米は香りがよく、やわらかくて独特のうまみが楽しめます。

季節の食べ物　秋
しいたけ

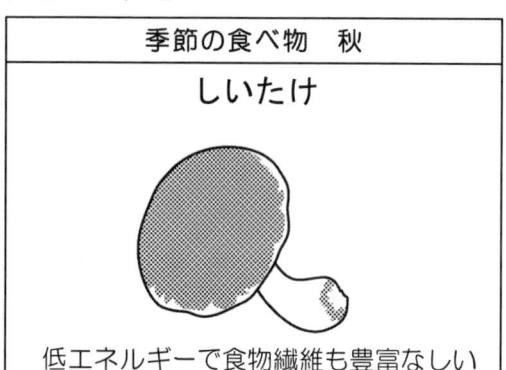

低エネルギーで食物繊維も豊富なしいたけ。独特のうまみがあります。

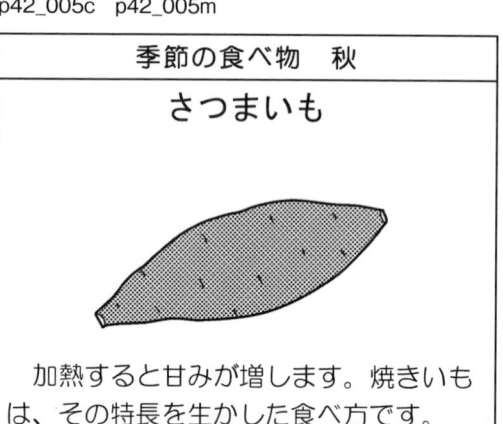

季節の食べ物　秋
さつまいも

加熱すると甘みが増します。焼きいもは、その特長を生かした食べ方です。

季節の食べ物　秋
りんご

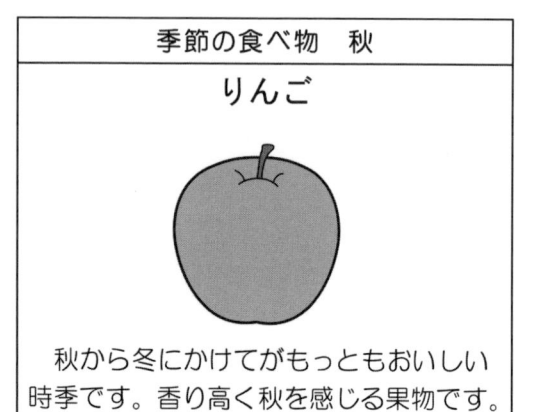

秋から冬にかけてがもっともおいしい時季です。香り高く秋を感じる果物です。

季節の食べ物　秋
ぶどう

ブドウ糖や果糖が豊富です。みずみずしさが特長で手軽に食べられる果実です。

p43_001m

和食の基本

ごはんとみそ汁の配ぜん！

　和食の配ぜんでは、ごはん茶わんは左に、汁物のわんは右に置きます。

　ごはんとみそ汁は、わたしたち日本人の食事に欠かすことができません。正しく配ぜんすると見た目にもきれいで気持ちのよいものです。

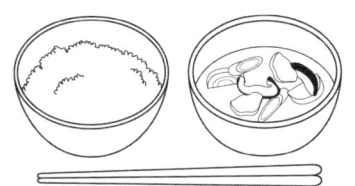

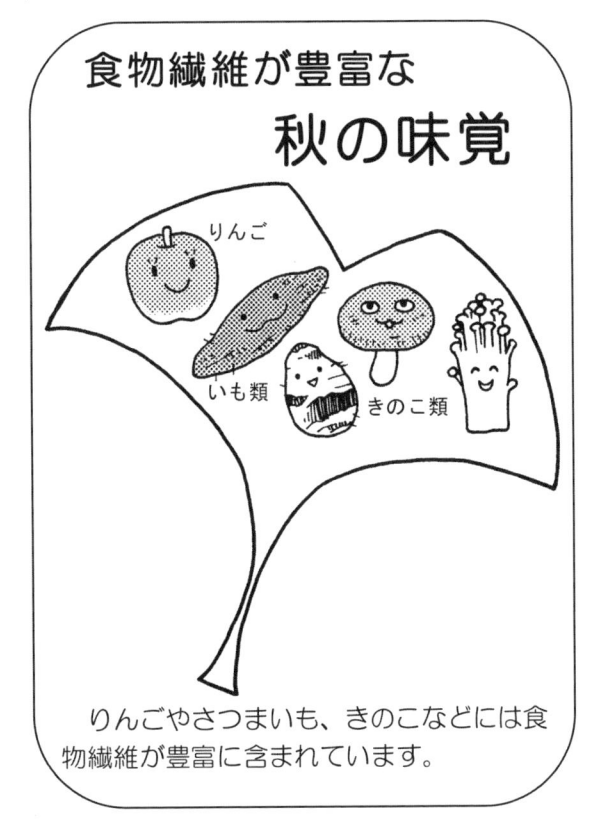

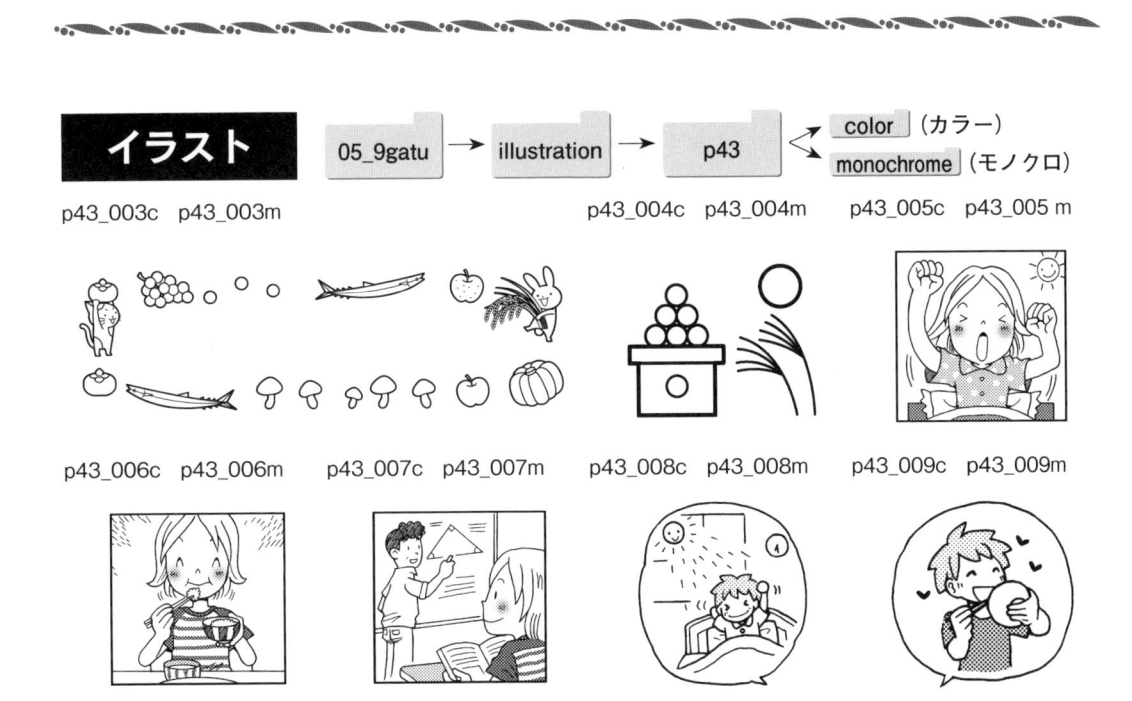

p43_002m

食物繊維が豊富な秋の味覚

りんご　いも類　きのこ類

　りんごやさつまいも、きのこなどには食物繊維が豊富に含まれています。

イラスト　05_9gatu → illustration → p43 ＜ color（カラー）／ monochrome（モノクロ）

p43_003c　p43_003m　　　　　p43_004c　p43_004m　　　p43_005c　p43_005m

p43_006c　p43_006m　　p43_007c　p43_007m　　p43_008c　p43_008m　　p43_009c　p43_009m

| p44_001c p44_001m | p44_002c p44_002m | p44_003c p44_003m | p44_004m |

| p44_005m | p44_006m | p44_007c p44_007m | p44_008c p44_008m |

| p44_009c p44_009m | p44_010c p44_010m | p44_011c p44_011m | p44_012m |

| p44_013c p44_013m | p44_014c p44_014m | | p44_015c p44_015m |

| p44_016c p44_016m | p44_017c p44_017m | p44_018c p44_018m | p44_019c p44_019m |

| p44_020c p44_020m | p44_021c p44_021m | p44_022m | |

p45_001m　　p45_002m　　p45_003m　　p45_004m

p45_005m　　p45_006m　　p45_007m　　p45_008m

p45_009m　　p45_010m　　p45_011m　　P45_012m

p45_013m　　p45_014m　　p45_015m　　p45_016m

p45_017m　　p45_018m　　p45_019m　　p45_020m

p45_021m　　p45_022m　　p45_023m　　p45_024m

10月

たより 06_10gatu → tayori

※ CD-ROMの中に収録されているフォルダ名を表しています。

p46_001c　p46_001m

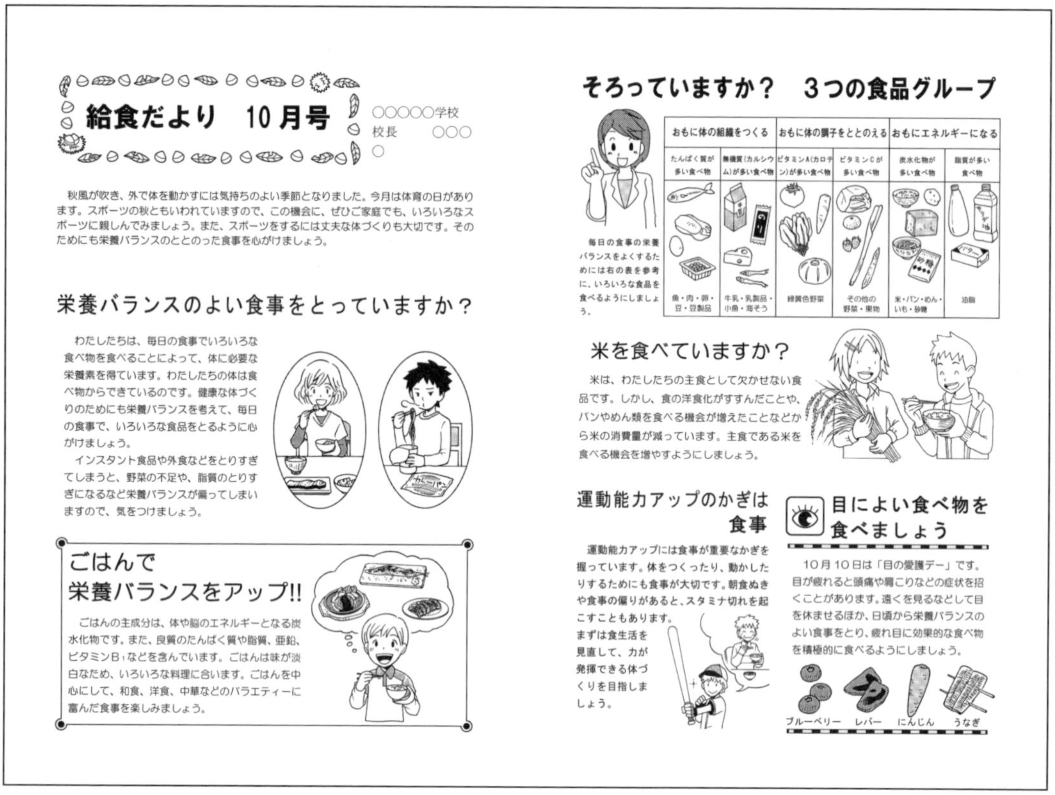

給食だより　10月号
○○○○○学校　校長　○○○

秋風が吹き、外で体を動かすには気持ちのよい季節となりました。今月は体育の日があります。スポーツの秋ともいわれていますので、この機会に、ぜひご家庭でも、いろいろなスポーツに親しんでみましょう。また、スポーツをするには丈夫な体づくりも大切です。そのためにも栄養バランスのととのった食事を心がけましょう。

栄養バランスのよい食事をとっていますか？

わたしたちは、毎日の食事でいろいろな食物を食べることによって、体に必要な栄養素を得ています。わたしたちの体は食べ物からできているのです。健康な体づくりのためにも栄養バランスを考えて、毎日の食事で、いろいろな食品をとるように心がけましょう。

インスタント食品や外食などをとりすぎてしまうと、野菜の不足や、脂質のとりすぎになるなど栄養バランスが偏ってしまいますので、気をつけましょう。

ごはんで栄養バランスをアップ!!

ごはんの主成分は、体や脳のエネルギーとなる炭水化物です。また、良質のたんぱく質や脂質、亜鉛、ビタミンB₁などを含んでいます。さらに味が淡白なため、いろいろな料理に合います。ごはんを中心にして、和食、洋食、中華などのバラエティーに富んだ食事を楽しみましょう。

そろっていますか？　3つの食品グループ

おもに体の組織をつくる		おもに体の調子をととのえる		おもにエネルギーになる	
たんぱく質が多い食べ物	無機質(カルシウム)が多い食べ物	ビタミンA(カロテン)が多い食べ物	ビタミンCが多い食べ物	炭水化物が多い食べ物	脂質が多い食べ物
魚・肉・卵・豆・豆製品	牛乳・乳製品・小魚・海そう	緑黄色野菜	その他の野菜・果物	米・パン・めん・いも・砂糖	油脂

毎日の食事の栄養バランスをよくするためには右の表を参考に、いろいろな食品を食べるようにしましょう。

米を食べていますか？

米は、わたしたちの主食として欠かせない食品です。しかし、食の洋風化がすすんだことや、パンやめん類を食べる機会が増えたことなどから米の消費量が減っています。主食である米を食べる機会を増やすようにしましょう。

運動能力アップのかぎは食事

運動能力アップには食事が重要なかぎを握っています。体をつくったり、動かしたりするためにも食事が大切です。朝食ぬきや食事の偏りがあると、スタミナ切れを起こすこともあります。
まずは食生活を見直して、力が発揮できる体づくりを目指しましょう。

目によい食べ物を食べましょう

10月10日は「目の愛護デー」です。目が疲れると頭痛や肩こりなどの症状を招くことがあります。遠くを見るなどして目を休ませるほか、日頃から栄養バランスのよい食事をとり、疲れ目に効果的な食べ物を積極的に食べるようにしましょう。

ブルーベリー　レバー　にんじん　うなぎ

10月の予定

体力つくり強調月間
3R（リデュース・リユース・リサイクル）推進月間
十三夜
寒露【二十四節気】(秋が深まり野草に冷たい露がつく頃)
目の愛護デー　10月10日
体育の日　10月の第2月曜日【国民の祝日】
（スポーツにしたしみ、健康な心身をつちかう）
世界食糧デー　10月16日
食育の日　10月19日　(毎月19日は食育の日)
秋の土用【雑節】(立冬の前の18日間)
霜降【二十四節気】(霜が降りる頃)

10月のたよりに載せたい内容例

● 運動と食事　　●目の健康と食
● 生活習慣病の予防　　●栄養バランス
● 日本型食生活　　●米の大切さ
● 給食の後かたづけ　　など

※文例やイラストなどのデータは、それぞれのページのフォルダに収録されています。

文例　06_10gatu → bunrei → p47 < color（カラー）／monochrome（モノクロ）

p47_001c　p47_001m

給食だより　10月号

○○○○○学校
校長　　　○○○○
栄養教諭　○○○○

p47_002c　p47_002m

食育だより　10月号

○○○○○○学校
校長　　　　　○○○○○○
学校栄養職員　○○○○

p47_003m

　秋風が吹き、外で体を動かすには気持ちのよい季節となりました。今月は体育の日があります。スポーツの秋ともいわれていますので、この機会に、ぜひご家庭でも、いろいろなスポーツに親しんでみましょう。また、スポーツをするには丈夫な体づくりも大切です。そのためにも栄養バランスのととのった食事を心がけましょう。

p47_004m

　気持ちのよい秋空が広がる季節になりました。秋は、芸術の秋、スポーツの秋、読書の秋といわれるように、いろいろなことにじっくりと取り組むことができる時期でもあります。そして、味覚の秋といわれるように、今が旬のさつまいも、くり、きのこ類など食べ物がたくさんあります。実りの秋に感謝して、おいしい秋の味覚を楽しみましょう。

p47_005c　p47_005m

栄養バランスのよい食事をとっていますか？

　わたしたちは、毎日の食事でいろいろな食べ物を食べることによって、体に必要な栄養素を得ています。わたしたちの体は食べ物からできているのです。健康な体づくりのためにも栄養バランスを考えて、毎日の食事で、いろいろな食品をとるように心がけましょう。

　インスタント食品や外食などをとりすぎてしまうと、野菜の不足や、脂質のとりすぎになるなど栄養バランスが偏ってしまいますので、気をつけましょう。

健康な体をつくる食事の仕方

■1日3食、栄養バランスよく食べる
主食、主菜、副菜がそろったバランスのよい食事をしましょう。

■ゆっくりよくかんで食べる
よくかむと食べ物の消化がよくなり栄養を吸収しやすくなります。また、脳の満腹中枢を刺激して、食べすぎを防ぎます。

■油や砂糖の多い食べ物を食べすぎない
脂質や糖分はエネルギー源などになりますが、とりすぎると肥満の原因になるので気をつけましょう。

米を食べていますか？

米は、わたしたちの主食として欠かせない食品です。しかし、食の洋食化がすすんだことや、パンやめん類を食べる機会が増えたことなどから米の消費量が減っています。主食である米を食べる機会を増やすようにしましょう。

運動能力アップのかぎは食事

運動能力アップには食事が重要なかぎを握っています。体をつくったり、動かしたりするためにも食事が大切です。朝食ぬきや食事の偏りがあると、スタミナ切れを起こすこともあります。まずは食生活を見直して、力が発揮できる体づくりを目指しましょう。

目によい食べ物を食べましょう

10月10日は「目の愛護デー」です。目が疲れると頭痛や肩こりなどの症状を招くことがあります。遠くを見るなどして目を休ませるほか、日頃から栄養バランスのよい食事をとり、疲れ目に効果的な食べ物を積極的に食べるようにしましょう。

ブルーベリー　レバー　にんじん　うなぎ

ごはんで栄養バランスをアップ!!

　ごはんの主成分は、体や脳のエネルギーとなる炭水化物です。また、良質のたんぱく質や脂質、亜鉛、ビタミンB_1などを含んでいます。ごはんは味が淡白なため、いろいろな料理に合います。ごはんを中心にして、和食、洋食、中華などのバラエティーに富んだ食事を楽しみましょう。

運動と食事Q&A

Q. 練習による疲労を早く回復させる食事はありますか

A 体の疲労は、筋肉に乳酸という物質が蓄積されて起こります。疲労回復のためには十分な栄養と睡眠をとることが基本です。そして、たんぱく質が多い食べ物やビタミンB_1が多い食べ物（豚肉、大豆製品、ごまなど）をとります。疲れて食欲のない時は、煮込み料理や汁物など、消化のよいものにしましょう。

スポーツと食事
食生活では保護者がサポートを！

【家庭で気をつけること】

- 毎日、栄養バランスのよい食事を心がけましょう。
- 朝食ぬきに注意して、1日3食をしっかり食べさせましょう。
- 清涼飲料の飲みすぎに注意。また、カルシウムの補給を考え、家庭でも牛乳を飲むように心がけましょう。
- 食事、睡眠、トレーニングのバランスをとり、規則正しい生活を送るようにしましょう。

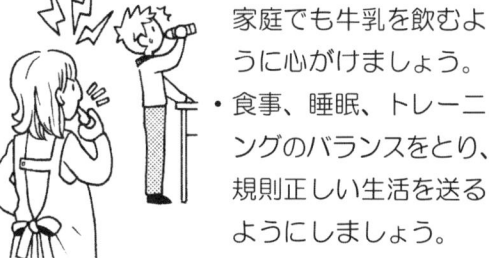

塩分のとりすぎに気をつけましょう
～こんな行動に注意～

　毎日の食事で自分でも気がつかないうちに塩分をとりすぎていることがあります。例えば、しょうゆやソースなどの調味料をたくさんかけてしまったり、濃い味つけの食べ物が好きで頻繁に食べていたりしていませんか？　塩分のとりすぎは生活習慣病を招くことにつながりますので、気をつけましょう。

そろっていますか？　3つの食品グループ

毎日の食事の栄養バランスをよくするためには右の表を参考に、いろいろな食品を食べるようにしましょう。

おもに体の組織をつくる		おもに体の調子をととのえる		おもにエネルギーになる	
たんぱく質が多い食べ物	無機質（カルシウム）が多い食べ物	ビタミンA（カロテン）が多い食べ物	ビタミンCが多い食べ物	炭水化物が多い食べ物	脂質が多い食べ物
魚・肉・卵・豆・豆製品	牛乳・乳製品・小魚・海そう	緑黄色野菜	その他の野菜・果物	米・パン・めん・いも・砂糖	油脂

生活習慣病って何だろう

　運動不足や夜型生活、または脂質や塩分、糖分のとりすぎなどの偏った食生活などが原因となって肥満を招き、やがては高血圧、糖尿病、心臓病といった病気を引き起こすことがあります。

　このような病気は、日頃の生活習慣の乱れが原因になって起こることから「生活習慣病」と呼ばれています。生活習慣病を予防するためにも、食習慣などに注意しましょう。

生活習慣病に注意！

野菜ぎらいなどの偏食

野菜に含まれる豊富なビタミンや無機質、食物繊維などは生活習慣病を防ぐ効果があるため、好ききらいせずに食べるようにしましょう。

生活習慣病に注意！

食べすぎ

食べすぎると肥満を招くため、気をつけなければいけません。

p51_001m

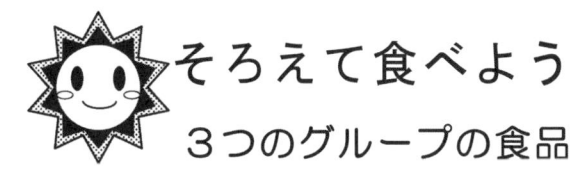

そろえて食べよう
３つのグループの食品

赤　黄　緑

　いろいろな食品を組み合わせて食べることで、健康な体をつくることができます。３つのグループの食品を目安に不足している食品を知り、献立に取り入れてみましょう。

p51_002m

昔から食べられてきた　ごはん＋汁物

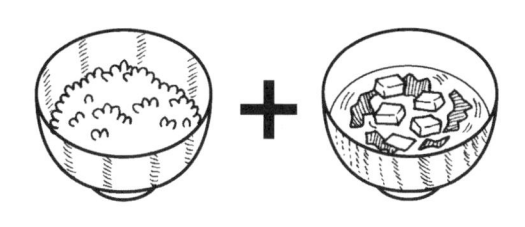

　昔から日本では、ごはんを主食に、みそ汁とおかずを組み合わせて食べてきました。みそ汁は実だくさんにすると、いろいろな食品をとることができます。

イラスト　06_10gatu → illustration → p51 ＜ color（カラー）／monochrome（モノクロ）

p51_003c　p51_003m　　　　　　　　p51_004c　p51_004m 　　p51_005c　p51_005m

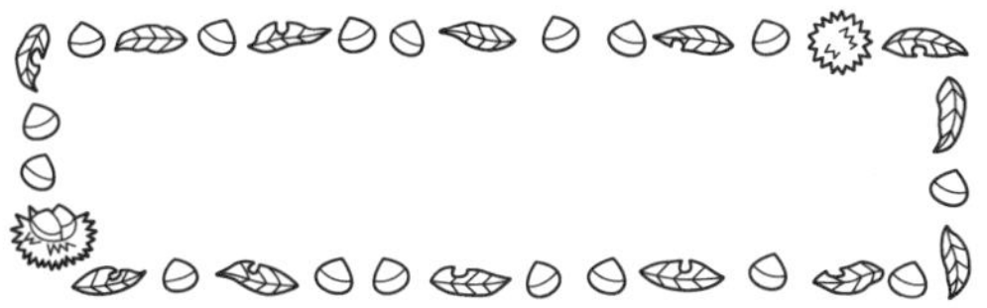

p51_006c　p51_006m 　　p51_007m 　　p51_008c　p51_008m 　　p51_009c　p51_009m

p52_001c p52_001m	p52_002c p52_002m	p52_003c p52_003m	p52_004c p52_004m
p52_005c p52_005m	p52_006c p52_006m	p52_007c p52_007m	
p52_008c p52_008m	p52_009m	p52_010m	p52_011m
p52_012c p52_012m	p52_013c p52_013m	p52_014c p52_014m	p52_015c p52_015m
p52_016c p52_016m	p52_017c p52_017m	p52_018c p52_018m	p52_019c p52_019m
p52_020c p52_020m	p52_021c p52_021m	p52_022c p52_022m	p52_023c p52_023m

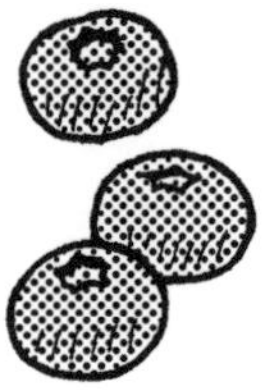

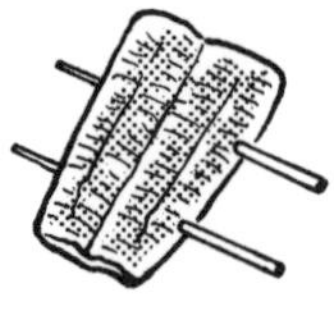

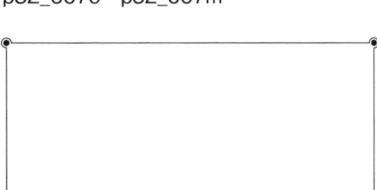

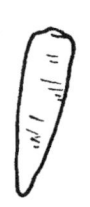

p53_001c p53_001m	p53_002c p53_002m	p53_003c p53_003m	p53_004c p53_004m
p53_005c p53_005m	p53_006c p53_006m	p53_007c p53_007m	p53_008c p53_008m
p53_009c p53_009m	p53_010c p53_010m	p53_011c p53_011m	p53_012c p53_012m
p53_013c p53_013m	p53_014c p53_014m	p53_015m	p53_016m
p53_017m	p53_018m	p53_019m	p53_020m
p53_021m	p53_022m	p53_023m	p53_024m

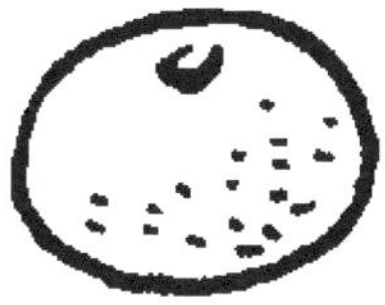

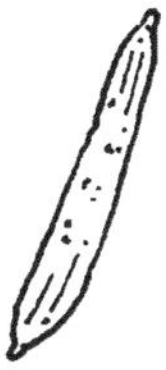

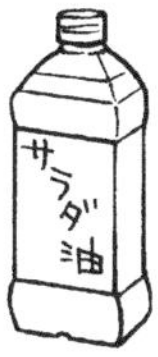

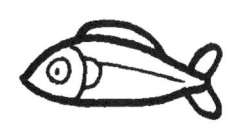

※このページに掲載しきれなかったイラストは、CD-ROM内に収録してあります。

給食＆食育だよりセレクトブック　©少年写真新聞社

11月

たより

07_11gatu → tayori

※CD-ROMの中に収録されているフォルダ名を表しています。

p54_001c　p54_001m

給食だより　11月号

○○○○○学校
校長　○○○○
栄養教諭　○○○○

秋が深まってきました。間もなく冬の足音も聞こえてきます。今月は23日に勤労感謝の日があります。農業、漁業、畜産業などにかかわっている人や配送をしたり食事をつくったりする人たちなど、いろいろな人たちのおかげで、毎日食事をすることができます。こうした方たちへの感謝の気持ちを忘れないようにしましょう。

食べ物の命をいただいています！

わたしたちが食べている食べ物は、どれも生きものの命をいただいているものばかりです。
また、生産者や料理をつくってくれた人たちなど、さまざまな人びとの手を経ることで、毎日の食卓に並んでいます。食事をする時には、感謝の気持ちを忘れないようにしましょう。
そして、苦手な食べ物がある場合には一口でも挑戦して、できるだけ食べるように努力をしてみましょう。

給食にはこんな人たちがかかわっています!!

わたしたちが毎日食べている給食には、栄養士さんをはじめ、調理員さん、農家の人、畜産にたずさわる人、漁師さんや水産業にたずさわる人、食材を運んできてくれる運搬業の人など、たくさんの人の手がかかわっています。そして、わたしたちの元へと給食が届けられているのです。感謝の気持ちを持って給食をいただきましょう。

食事のあいさつ「いただきます」「ごちそうさま」

食べ物を食べるということは、動植物の命をいただくことにもつながります。その食べ物をいただくことや、料理をしてくれた人に感謝の気持ちを込めて、「いただきます」「ごちそうさま」のあいさつを忘れないようにしましょう。

地場産物を食べよう！

みなさんの地域では、どのような農作物がつくられていますか？　自分の住む地域でつくられる地場産物を知り、生産者の人の努力を身近に感じてみましょう。また、ぜひ各家庭の食卓にも積極的に取り入れていきましょう。

地場産物がおいしい給食に！

子どもたちが毎日楽しみにしている学校給食には、地域の生産者の方がたが丹精込めてつくったさまざまな地場産物をたくさん取り入れられています。こうした取り組みは全国ですすめられています。
子どもたちは、学校給食を通して地域の食文化などについて理解を深めています。

おやつと上手につき合うための3つのポイント

- 適度な量を考えよう
- 時間を考えよう
- 食べた後はうがいや歯みがきをしよう

普段、どんなふうにおやつを食べていますか。3つのポイントに気をつけましょう。

11月の予定

教育・文化週間　11月1日～7日
文化の日　11月3日【国民の祝日】
（自由と平和を愛し、文化をすすめる）
立冬【二十四節気】（冬の気配が感じられる）
いい歯の日　11月8日
家族の日　11月の第3日曜
食育の日　11月19日（毎月19日は食育の日）
小雪【二十四節気】（寒くなり雨が雪になる頃）
勤労感謝の日　11月23日【国民の祝日】
（勤労をたっとび、生産を祝い、国民たがいに感謝しあう）

和食の日　11月24日

11月のたよりに載せたい内容例

- ●感謝して食べよう
- ●食事のあいさつと意味
- ●地場産物を食べよう
- ●地産地消について　●食料自給率
- ●規則正しい食事
- ●おやつのとり方　など

※文例やイラストなどのデータは、それぞれのページのフォルダに収録されています。

文例　07_11gatu → bunrei → p55 < color（カラー） / monochrome（モノクロ）

p55_001c　p55_001m

給食だより　11月号

○○○○○学校
校長　　　　○○○○
栄養教諭　　○○○○

p55_002c　p55_002m

食育だより　11月号

○○○○○○学校
校長　　　　　　○○○○
学校栄養職員　　○○○○

p55_003m

　秋が深まってきました。間もなく冬の足音も聞こえてきます。今月は23日に勤労感謝の日があります。農業、漁業、畜産業などにかかわっている人や配送をしたり食事をつくったりする人たちなど、いろいろな人たちのおかげで、毎日食事をすることができます。こうした方たちへの感謝の気持ちを忘れないようにしましょう。

p55_004m

　実りの秋です。みなさんは、地域で生産したものを地域で消費するという意味を持つ「地産地消」という言葉を聞いたことがありますか？　地産地消は、安心安全で新鮮な食べ物が食べられるだけでなく、食料自給率の向上にもつながります。地域でつくられている食べ物について、ぜひご家庭でも話題にしてみてはいかがでしょうか？

p55_005c　p55_005m

食べ物の命をいただいています！

　わたしたちが食べている食べ物は、どれも生き物の命をいただいているものばかりです。

　また、生産者や料理をつくってくれた人たちなど、さまざまな人びとの手を経ることで、毎日の食卓に並んでいます。食事をする時には、感謝の気持ちを忘れないようにしましょう。

　そして、苦手な食べ物がある場合には一口でも挑戦して、できるだけ食べるように努力をしてみましょう。

いただきます

11月23日は勤労感謝の日

11月23日は「勤労感謝の日」です。この日は、もともと「新嘗祭(にいなめさい)」といって、米や農作物など、その年の収穫を神に感謝する日でした。

わたしたちは、普段何気なく食事をしてしまいがちですが、その裏には、食べ物を育てる人や運搬をする人、料理をする人など、さまざまな人たちの働きがあります。あらためて、毎日おいしい食事が食べられることに感謝しましょう。

食事のあいさつ 「いただきます」「ごちそうさま」

食べ物を食べるということは、動植物の命をいただくことにもつながります。その食べ物をいただくことや、料理をしてくれた人に感謝の気持ちを込めて、「いただきます」「ごちそうさま」のあいさつを忘れないようにしましょう。

地場産物を食べよう！

みなさんの地域では、どのような農作物がつくられていますか？ 自分の住む地域でつくれられる地場産物を知り、生産者の人の努力を身近に感じてみましょう。また、ぜひ各家庭の食卓にも積極的に取り入れていきましょう。

3食をきちんと食べよう

朝　昼　夜

給食にはこんな人たちが かかわっています！！

わたしたちが毎日食べている給食には、栄養士さんをはじめ、調理員さん、農家の人、畜産にたずさわる人、漁師さんや水産業にたずさわる人、食材を運んできてくれる運搬業の人など、たくさんの人の手がかかわっています。そして、わたしたちの元へと給食が届けられているのです。感謝の気持ちを持って給食をいただきましょう。

食事への感謝を忘れずに！

わたしたちが食べている食べ物は、みんな生きていたものです。さらに食べ物を育ててくれた人、料理をつくっている人などへ感謝の気持ちを込めて食事の前後にあいさつをします。

ご家庭でも、毎回「いただきます」「ごちそうさま」をいう習慣をつけましょう。

知っていますか？ 食料自給率

食料自給率とは、国内で食べている食べ物のうち、どのくらい国内でつくっているかを示す割合のことをいいます。

給食にも使っています！

学校給食では、地場産物の活用の促進が図られています。また、こうした地場産物を使った各地の郷土料理や伝統料理が献立に積極的に導入されています。

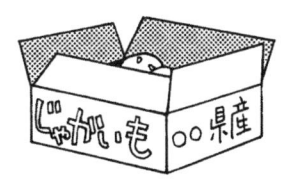

地場産物がおいしい給食に！

　子どもたちが毎日楽しみにしている学校給食には、地域の生産者の方がたが丹精込めてつくったさまざまな地場産物をたくさん取り入れられています。こうした取り組みは全国ですすめられています。

　子どもたちは、学校給食を通して地域の食文化などについて理解を深めています。

スナック菓子などは皿に取りわけよう！

おやつのとり方

　おやつをとるポイントとして、①自分に合った量を考える。②時間を決めてとる。③不足しがちな栄養を補う。④水分補給をする。⑤市販品は表示をチェックするなどがあります。また夕食に影響が出ないように配慮しましょう。

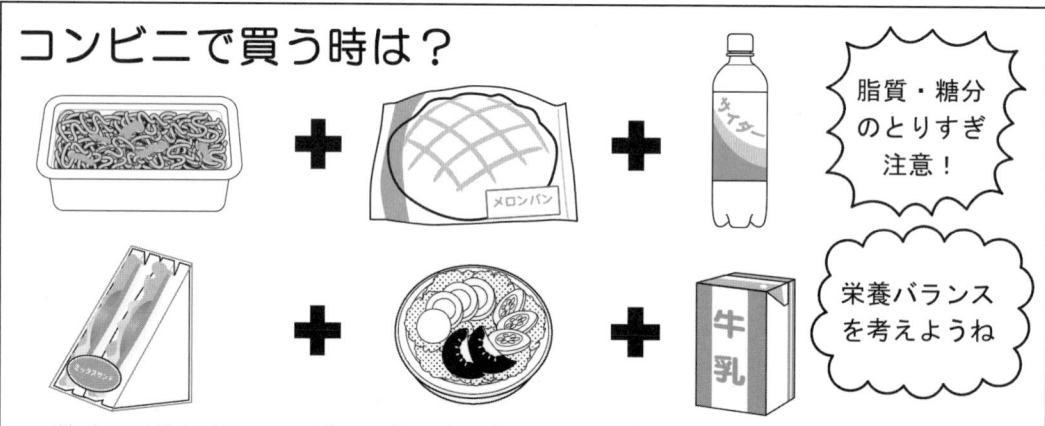

コンビニで買う時は？

脂質・糖分のとりすぎ注意！

栄養バランスを考えようね

　塾や習い事の前にコンビニなどで食べ物を買う場合は、好きなものばかり選んでしまうと、エネルギー量が多すぎたり脂質のとりすぎになったりします。栄養のバランスや夕食のことを考えて選びましょう。

p59_001c p59_001m

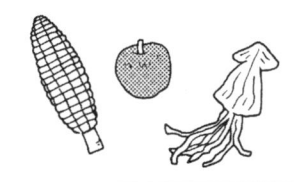

おやつと上手につき合うための
3つのポイント

| 適度な量を考えよう | 時間を考えよう | 食べた後はうがいや歯みがきをしよう |

普段、どんなふうにおやつを食べていますか。3つのポイントに気をつけましょう。

p59_002m

不足しがちな栄養素をおやつで補おう

カルシウムや食物繊維など不足しがちな栄養素をおやつで補います。ヨーグルトや牛乳などの乳製品、小魚や季節の果物、いも類などを上手に利用しましょう。

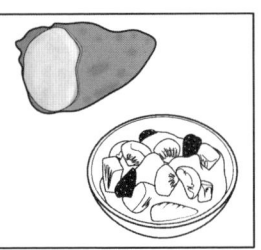

イラスト　07_11gatu → illustration → p59 ＜ color（カラー）／ monochrome（モノクロ）

p59_003c p59_003m

p59_004c p59_004m

p59_005c p59_005m

p59_006c p59_006m

p59_007c p59_007m

p59_008c p59_008m

給食＆食育だよりセレクトブック　©少年写真新聞社

p60_001c p60_001m	p60_002c p60_002m	p60_003c p60_003m	p60_004c p60_004m
p60_005c p60_005m	p60_006c p60_006m	p60_007c p60_007m	p60_008c p60_008m
p60_009c p60_009m	p60_010c p60_010m	p60_011c p60_011m	p60_012c p60_012m
p60_013c p60_013m	p60_014c p60_014m	p60_015c p60_015m	p60_016c p60_016m
p60_017c p60_017m	p60_018c p60_018m	p60_019m	
p60_020m	p60_021m	p60_022m	p60_023m

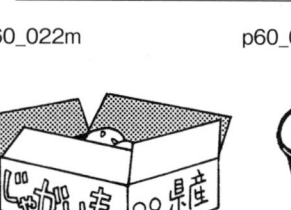

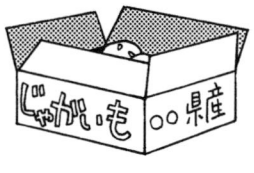

60　給食＆食育だよりセレクトブック　©少年写真新聞社

p61_001c p61_001m	p61_002m	p61_003m	p61_004m
p61_005m	p61_006m	p61_007m	p61_008m
p61_009m	p61_010m	p61_011m	p61_012m
p61_013c p61_013m	p61_014c p61_014m	p61_015c p61_015m	p61_016c p61_016m
p61_017c p61_017m	p61_018c p61_018m	p61_019c p61_019m	p61_020c p61_020m
p61_021c p61_021m	p61_022m	p61_023m	p61_024m

※このページに掲載しきれなかったイラストは、CD-ROM内に収録してあります。

12月

たより 08_12gatu → tayori

※CD-ROMの中に収録されているフォルダ名を表しています。

p62_001c　p62_001m

給食だより　12月号
○○○○○学校
校長　○○○○
栄養教諭　○○○○

今年も、残すところ後1か月になりました。寒さも一段と厳しさを増してきています。空気も乾燥し、かぜやインフルエンザなどの感染症にかかりやすい時期でもあります。冬を元気にすごすために、うがいや手洗いが大切です。ご家庭でも、かぜやインフルエンザへの予防対策について話し合ってみてはいかがですか？

かぜ・インフルエンザなどの感染症の予防に
手洗いをきちんとしていますか？

わたしたちは、普段いろいろなものに触れています。そして、その手で何気なく自分の顔などに触れています。そのようにして、手についたウイルスが気づかない間に鼻や口の粘膜から体内に入り込み、かぜなどに感染します。これを接触感染といいます。また、寒さが厳しくなると手洗いもおろそかになりがちです。

かぜやインフルエンザの予防のためにも、外から帰った後、食事の前、トイレの後などに、きちんと手洗いをしましょう。洗った後には、清潔なハンカチやタオルでふき取ります。

洗い残しやすい場所

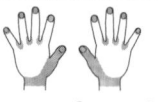

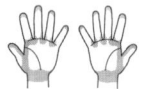

ポイントを知って　しっかり手洗い

手洗いをする時、特に意識をしないで洗っていると洗い残しがいろいろと出てしまいます。洗い残しやすい部分としては、つめと指先、指と指の間、親指、手首などがあります。

手を洗う時には、石けんをきちんとつけて泡立てます。それから、手のひら→指と指の間→つめと指先→手の甲→親指→手首などのように順番を決めて洗い残しがないように気をつけましょう。

かぜに負けない　体づくりのための食事

かぜをひかないためには、栄養バランスのよいものをしっかり食べることが大切です。

特に体を温め寒さに対する抵抗力を高めるたんぱく質、免疫力を高めるビタミンAや、コラーゲンの合成に役立ち感染症予防に効果のあるビタミンCが多い食べ物をしっかりとって、かぜに負けない体づくりをしましょう。

なべ料理のすすめ

体が温まるよ!!

なべ料理は、寄せなべや水炊きなどのほか、地域に伝えられているものなど、さまざまな種類が楽しめます。また、一般的に肉や魚、野菜などたくさんの食材を使うことが多く、不足しがちな野菜もたくさん食べることができます。

みんなで食べれば体だけでなく心もほかほかに温まります。食卓になべ料理をぜひ取り入れましょう。

冬至

冬至は、1年のうちで、もっとも昼が短く、夜がもっとも長い日です。また、冬至をすぎると、これまで短くなっていた日が長くなっていくことから、太陽がよみがえる日とも考えられていました。

冬至には、かぼちゃを食べたり、ゆず湯に入ったりします。かぼちゃを食べると中風（脳の血管の病気）やかぜの予防になるといわれています。また、ゆず湯に入るとかぜをひかないともいわれています。

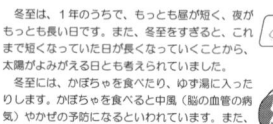

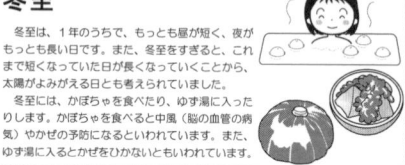

12月の予定

- 地球温暖化防止月間
- 大雪【二十四節気】（雪がいよいよ降り積もってくる）
- 食育の日　12月19日（毎月19日は食育の日）
- 天皇誕生日　12月23日【国民の祝日】（天皇の誕生日を祝う）
- クリスマス　12月25日
- 大みそか　12月31日

12月のたよりに載せたい内容例

- ●寒さに負けない食事
- ●正しい手洗い
- ●かぜやインフルエンザの予防
- ●ノロウイルス予防
- ●冬至とかぼちゃ
- ●旬の食べ物　など

文例

08_12gatu → bunrei → p63 < color (カラー) / monochrome (モノクロ)

※文例やイラストなどのデータは、それぞれのページのフォルダに収録されています。

p63_001c　p63_001m

給食だより　12月号

○○○○○学校
校長　　　　○○○○
栄養教諭　　○○○○

p63_002c　p63_002m

食育だより　12月

○○○○○○学校
校長　　　　　○○○○○
学校栄養職員　○○○○

p63_003m

　今年も、残すところ後1か月になりました。寒さも一段と厳しさを増してきています。空気も乾燥し、かぜやインフルエンザなどの感染症にかかりやすい時期でもあります。冬を元気にすごすために、うがいや手洗いが大切です。ご家庭でも、かぜやインフルエンザへの予防対策について話し合ってみてはいかがですか？

p63_004m

　もうすぐ冬休みです。冬休みは、大みそかや正月などの行事があり、家族や親戚とすごす機会も増えます。この機会を利用して、大みそかや正月の行事食の由来などについて、家族で語り合ってみてはいかがでしょうか？　また、家庭の味や地域ならではの料理について話してみるのもよいでしょう。

p63_005c　p63_005m

かぜ・インフルエンザなどの感染症の予防に
手洗いをきちんとしていますか？

　わたしたちは、普段いろいろなものに触っています。そして、その手で何気なく自分の顔などに触れています。そのようにして、手についたウイルスが気づかない間に鼻や口の粘膜から体内に入り込み、かぜなどに感染します。これを接触感染といいます。また、寒さが厳しくなると手洗いもおろそかになりがちです。

　かぜやインフルエンザの予防のためにも、外から帰った後、食事の前、トイレの後などに、きちんと手洗いをしましょう。洗った後には、清潔なハンカチやタオルでふき取ります。

手洗い・うがいでかぜ予防

ビタミン類をとってかぜを防ごう

洗い残しやすい場所

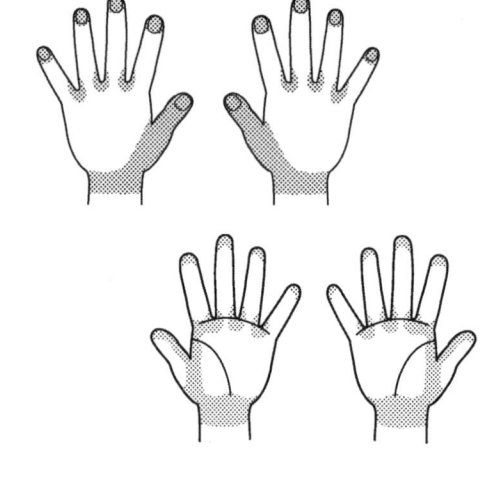

ポイントを知ってしっかり手洗い

　手洗いをする時、特に意識をしないで洗っていると洗い残しがいろいろと出てしまいます。洗い残しやすい部分としては、つめと指先、指と指の間、親指、手首などがあります。
　手を洗う時には、石けんをきちんとつけて泡立てます。それから、手のひら→指と指の間→つめと指先→手の甲→親指→手首などのように順番を決めて洗い残しがないように気をつけましょう。

青菜のおいしい季節です

　冬は、ほうれんそうやこまつななどの青菜が旬です。青菜には、カルシウムやカロテンなどの栄養素が豊富に含まれています。旬のものは、ハウス栽培などにくらべて栄養価も高く、味もおいしいので、たくさん食べるようにしましょう。

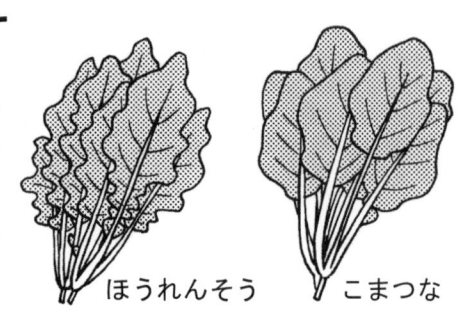

ほうれんそう　　こまつな

かぜに負けない 体づくりのための食事

かぜをひかないためには、栄養バランスのよいものをしっかり食べることが大切です。

特に体を温め寒さに対する抵抗力を高めるたんぱく質、免疫力を高めるビタミンAや、コラーゲンの合成に役立ち感染症予防に効果のあるビタミンCが多い食べ物をしっかりとって、かぜに負けない体づくりをしましょう。

冬至

冬至は、1年のうちで、もっとも昼が短く、夜がもっとも長い日です。また、冬至をすぎると、これまで短くなっていた日が長くなっていくことから、太陽がよみがえる日とも考えられていました。

冬至には、かぼちゃを食べたり、ゆず湯に入ったりします。かぼちゃを食べると中風（脳の血管の病気）やかぜの予防になるといわれています。また、ゆず湯に入るとかぜをひかないともいわれています。

ノロウイルスに注意

冬はノロウイルスが流行します。予防のために調理や食事の前に手をきちんと洗いましょう。

かぜ予防に緑茶

緑茶に含まれるカテキンという成分には抗酸化作用があり、免疫力を高める働きがあります。かぜの予防に緑茶を飲みましょう。

冬が旬の食べ物で体を温めましょう

冬は、なべ料理や煮物などに合う野菜や魚介類が旬を迎えます。冬が旬の食材はこの時季が、栄養価も高く、おいしくなります。体を温める料理で冬を乗り切りましょう。

季節の食べ物　冬　だいこん

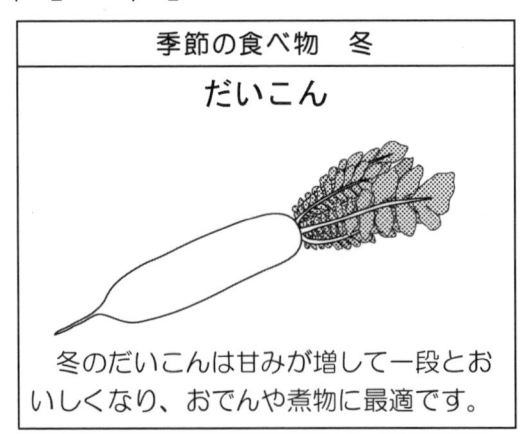

冬のだいこんは甘みが増して一段とおいしくなり、おでんや煮物に最適です。

季節の食べ物　冬　ねぎ

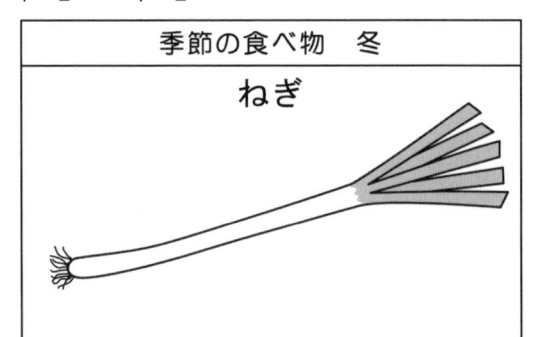

ねぎは体を温める作用があります。独特のにおいが肉や魚の臭みを消します。

季節の食べ物　冬　ぶり

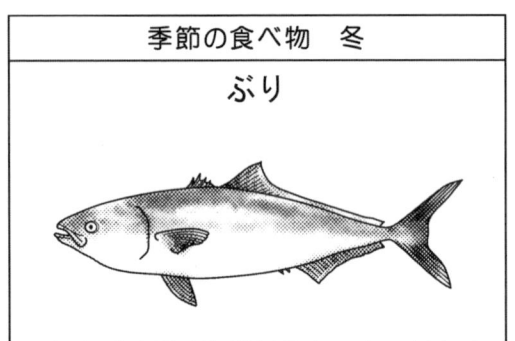

たんぱく質や脂質が豊富です。刺身や煮物、照り焼きなどに適しています。

季節の食べ物　冬　たら

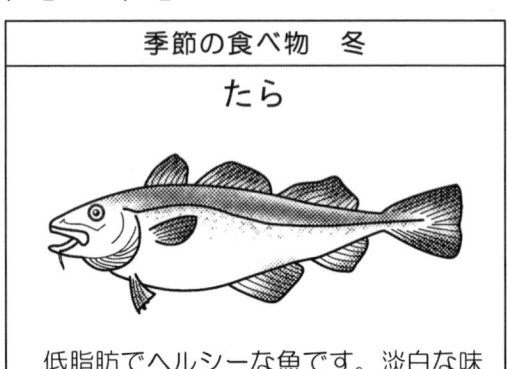

低脂肪でヘルシーな魚です。淡白な味を生かし、いろいろな料理に使えます。

季節の食べ物　冬　みかん

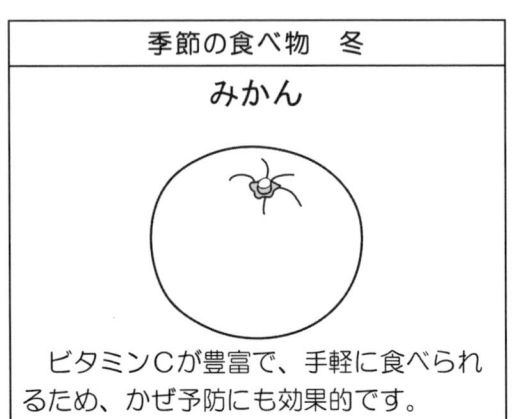

ビタミンCが豊富で、手軽に食べられるため、かぜ予防にも効果的です。

季節の食べ物　冬　ゆず

香りがよいため、皮や果汁が料理に使われます。酸味が食欲を増進させます。

体が温まるよ!!

なべ料理のすすめ

　なべ料理は、寄せなべや水炊きなどのほか、地域に伝えられているものなど、さまざまな種類が楽しめます。また、一般的に肉や魚、野菜などたくさんの食材を使うことが多く、不足しがちな野菜もたくさん食べることができます。
　みんなで食べれば体だけでなく心もほかほかに温まります。食卓になべ料理をぜひ取り入れましょう。

寒い冬を乗り切るための食事のとり方

　寒い朝でも朝食をとると体が温まるため、きちんと朝食をとりましょう。また、寒さに対する抵抗力をつけるため、肉や魚に多く含まれるたんぱく質のほか、ビタミンAやビタミンCを多く含む食品もとるようにしましょう。

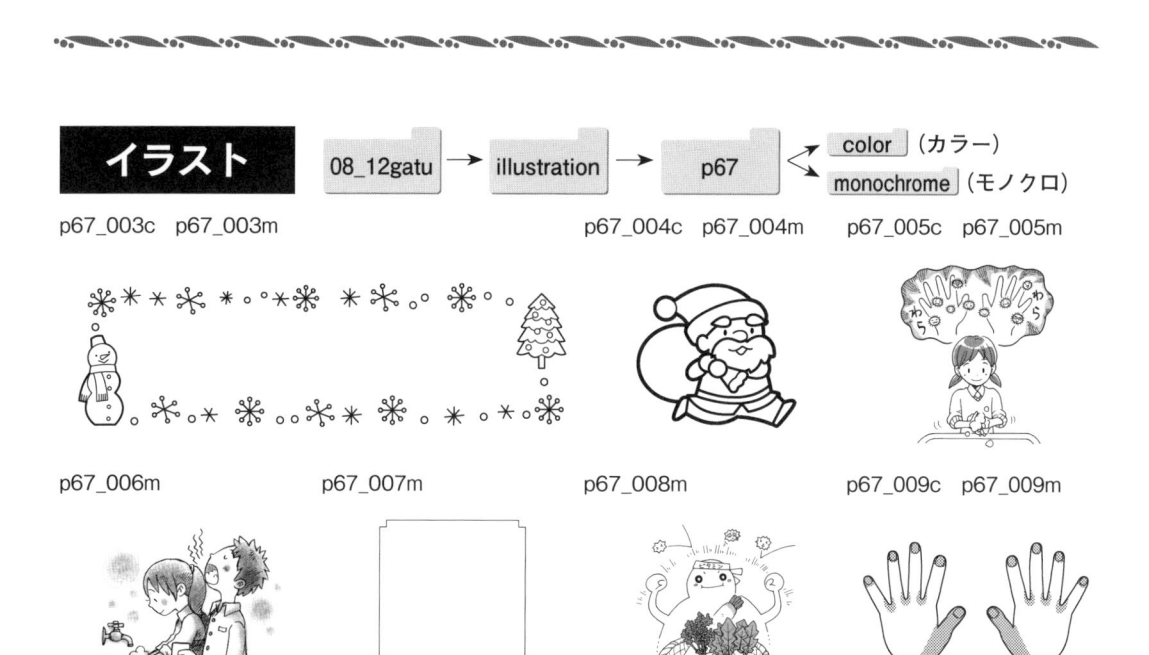

p68_001c p68_001m p68_002m p68_003m p68_004c p68_004m

p68_005c p68_005m p68_006c p68_006m p68_007c p68_007m p68_008c p68_008m

p68_009c p68_009m p68_010c p68_010m p68_011c p68_011m p68_012c p68_012m

p68_013c p68_013m p68_014c p68_014m p68_015c p68_015m

p68_016c p68_016m p68_017m p68_018m p68_019c p68_019m

p68_020c p68_020m p68_021c p68_021m p68_022c p68_022m p68_023c p68_023m

p69_001c	p69_001m	p69_002c	p69_002m	p69_003c	p69_003m	p69_004c	p69_004m
p69_005c	p69_005m	p69_006c	p69_006m	p69_007m	p69_008m
p69_009m	p69_010m	p69_011m	p69_012m
p69_013m	p69_014m	p69_015m	p69_016m
p69_017m	p69_018m	p69_019m	p69_020m
p69_021m	p69_022m	p69_023m	p69_024m

1月

たより　09_1gatu → tayori　※CD-ROMの中に収録されているフォルダ名を表しています。

p70_001c　p70_001m

給食だより 1月号
○○○○○学校　校長 ○○○○　栄養教諭 ○○○○

新年明けましておめでとうございます。今年も、みなさんの心と体の栄養を満たすおいしい給食をつくっていきますので、楽しみにしていてください。
さて、1月24日から30日の1週間は「全国学校給食週間」です。普段、何気なく食べている学校給食について改めて知るよい機会にしましょう。

1月は全国学校給食週間があります

学校給食は、戦争のために中断されていましたが、戦後の食糧難により児童の栄養状態が悪化したことから、その必要性が叫ばれるようになり、再開することになりました。
まず試験的に、昭和21年12月24日に、三都県（東京、神奈川、千葉）で実施することになり、同日に東京都内の小学校でララ（アメリカの宗教団体等からなるアジア救援公認団体）からの給食用物資の贈呈式が行われました。その日を学校給食感謝の日と定めていましたが、その後、冬期休業と重ならない1月24日から30日までの間を「学校給食週間」としました。

1月24日から1月30日は全国学校給食週間

なつかしのメニュー紹介
脱脂粉乳とは、牛乳から脂肪分をぬき取り、乾燥させて粉末にしたものです。スキムミルクともいいます。戦後の食料不足の時代に、ララ（アメリカの宗教団体等からなるアジア救援公認団体）やユニセフから脱脂粉乳の援助物資を受けていました。

おせち料理の意味を知ろう

おせち料理とは、もともと五節句などの節目に、神様にお供えした料理のこといいました。本来は五節句の時につくられていましたが、今では、正月のみにつくられるようになりました。おせち料理に入っている黒豆は、まめに暮らせるように、数の子は子孫繁栄、田づくりは五穀豊穣、たたきごぼうは豊年と息災、えびは長寿などの願いが込められています。

知っていますか？ 鏡もち

鏡もちとは、古代の鏡の形に似せて、丸く平たくつくられているといわれています。もちの上に飾っている「だいだい」には、家が代々続くようにという願いが込められています。飾るものや飾り方は、地域や家庭によってさまざまです。

地域や家庭によって違う 雑煮

雑煮とは、年神様にお供えしたその土地の産物ともちをなべで煮たものです。そのため、雑煮に入る食材や、もちの種類、味つけなどさまざまです。みなさんは、どんな雑煮を食べていますか？

七草

七草とは、1月7日の朝に春の七草を入れたおかゆを食べて1年の健康を祈る風習です。
春の七草とは、せり、なずな、ごぎょう、はこべら、ほとけのざ、すずな（かぶ）、すずしろ（だいこん）のことです。これを包丁などで細かくたたきおかゆに入れます。七草をたたく時は「七草なずな～」などと歌う地域もあります。

1月の予定

元日　1月1日【国民の祝日】（年のはじめを祝う）
小寒【二十四節気】（寒の入りで寒気が増してくる）
人日の節句【五節句】七草（正月をしめくくる日。七草がゆを食べる）
鏡開き　1月11日など
小正月　1月15日など
成人の日　1月の第2月曜日【国民の祝日】（おとなになったことを自覚し、みずから生き抜こうとする青年を祝いはげます）
冬の土用【雑節】（立春の前の18日間）

食育の日　1月19日（毎月19日は食育の日）
大寒【二十四節気】（寒さが極まって、もっとも寒い）
全国学校給食週間　1月24日～30日

1月のたよりに載せたい内容例

●全国学校給食週間　学校給食の歴史
●給食にかかわる人びとの仕事　●先生方の給食の思い出　●正月料理　●七草と行事食　●行事食や郷土料理　など

文例 09_1gatu → bunrei → p71 < color（カラー） / monochrome（モノクロ）

※文例やイラストなどのデータは、それぞれのページのフォルダに収録されています。

p71_001c　p71_001m

給食だより　1月号

○○○○○学校
校長　　　　○○○○
栄養教諭　　○○○○

p71_002c　p71_002m

食育だより　1月号

○○○○○○学校
校長　　　　　○○○○○○
学校栄養職員　○○○○

p71_003m

　新年明けましておめでとうございます。今年も、みなさんの心と体の栄養を満たすおいしい給食をつくっていきますので、楽しみにしていてください。
　さて、1月24日から30日の1週間は「全国学校給食週間」です。普段、何気なく食べている学校給食について改めて知るよい機会にしましょう。

p71_004m

　みなさんはどんな正月をすごしましたか？　正月は、おせち料理や雑煮などのおいしい行事食がたくさんあります。食べすぎてしまったり、生活リズムが乱れてしまったりした人もいるかもしれません。まだまだ寒い日が続き、布団からなかなか出られなくなる季節ですが、早起きと早寝を心がけ、運動不足を解消して食生活を見直しましょう。

p71_005c　p71_005m

1月は全国学校給食週間があります

　学校給食は、戦争のために中断されていましたが、戦後の食糧難により児童の栄養状態が悪化したことから、その必要性が叫ばれるようになり、再開することになりました。
　まず試験的に、昭和21年12月24日に、三都県（東京、神奈川、千葉）で実施することになり、同日に東京都内の小学校でララ（アメリカの宗教団体等からなるアジア救援公認団体）からの給食用物資の贈呈式が行われました。その日を学校給食感謝の日と定めていましたが、その後、冬期休業と重ならない1月24日から30日までの間を「学校給食週間」としました。

学校給食の歴史

日本の学校給食は、山形県の私立忠愛小学校において貧困児を救うために提供されたことが始まりとされています。学校給食の献立の移りかわりを見てみましょう。

明治22年
おにぎり　塩ざけ　菜の漬物

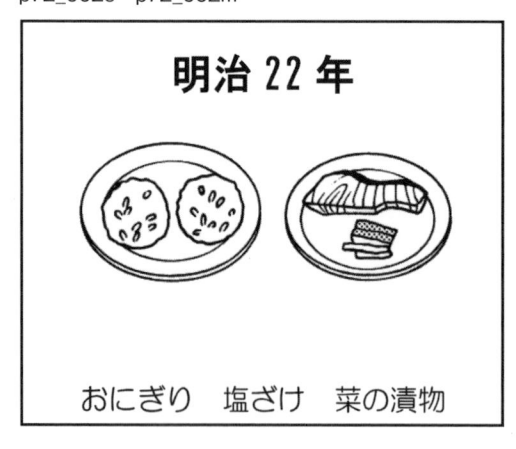

昭和22年
ミルク（脱脂粉乳）　トマトシチュー

昭和27年
コッペパン　ミルク（脱脂粉乳）　鯨肉の竜田揚げ　せんキャベツ　ジャム

昭和40年
ソフトめんのカレーあんかけ　牛乳　甘酢あえ　果物（黄桃）　チーズ

昭和52年
カレーライス　牛乳　塩もみ　果物（バナナ）　スープ

今の給食
地場産物を活用したさまざまな献立がつくられています。

1月24日から1月30日は 全国学校給食週間

なつかしのメニュー紹介

脱脂粉乳とは、牛乳から脂肪分をぬき取り、乾燥させて粉末にしたものです。スキムミルクともいいます。戦後の食料不足の時代に、ララ（アメリカの宗教団体等からなるアジア救援公認団体）やユニセフから脱脂粉乳の援助物資を受けていました。

感謝の気持ちを伝えよう

わたしたちが食べている学校給食は、給食の献立を考える栄養士、給食をつくる調理員、野菜をつくる農家などさまざまな人びとの仕事によって支えられています。

いつもわたしたちの学校給食を支えてくれている人びとに感謝の手紙を書いてみませんか？

ていねいに配ぜんしよう

給食の配ぜんをていねいにしていますか？ 学校給食が食べられることに感謝をして今一度、食べ物を大切に扱い、配ぜんの仕方を見直してみましょう。

先生の 給食の思い出

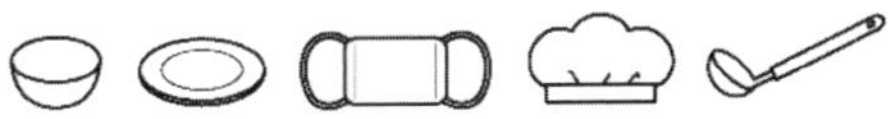

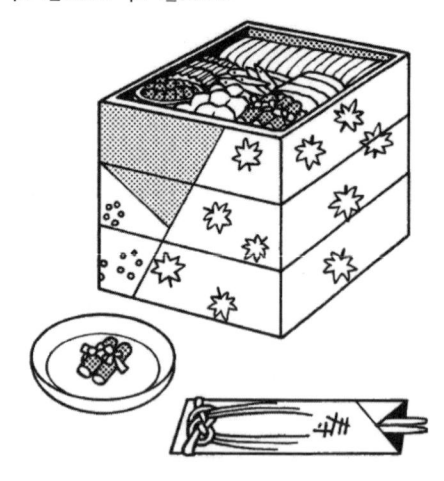

おせち料理の意味を知ろう

　おせち料理とは、もともと五節句などの節目に、神様にお供えした料理のこといいました。本来は五節句の時につくられていましたが、今では、正月のみにつくられるようになりました。おせち料理に入っている黒豆は、まめに暮らせるように、数の子は子孫繁栄、田づくりは五穀豊穣、たたきごぼうは豊年と息災、えびは長寿などの願いが込められています。

知っていますか？ 鏡もち

　鏡もちとは、古代の鏡の形に似せて、丸く平たくつくられているといわれています。もちの上に飾っている「だいだい」には、家が代だい続くようにという願いが込められています。飾るものや飾り方は、地域や家庭によってさまざまです。

地域や家庭によって違う 雑煮

　雑煮とは、年神様にお供えしたその土地の産物ともちをなべで煮たものです。そのため、雑煮に入る食材や、もちの種類、味つけなどさまざまです。みなさんは、どんな雑煮を食べていますか？

1月7日 七草がゆを食べよう

1月11日は鏡開きの日

　鏡開きとは、お供えした鏡もちを下げて食べる年中行事です。お供えしたもちには、神様が宿っているので刃物で切らずに木づちや手などで小さく割ります。割ったもちは、お汁粉やぜんざいなどにして食べましょう。

p75_001c p75_001m

七草

　七草とは、1月7日の朝に春の七草を入れたおかゆを食べて1年の健康を祈る風習です。

　春の七草とは、せり、なずな、ごぎょう、はこべら、ほとけのざ、すずな（かぶ）、すずしろ（だいこん）のことです。これを包丁などで細かくたたきおかゆに入れます。七草をたたく時は「七草なずな〜」などと歌う地域もあります。

p75_002m

伝統的な行事食を知ろう

　伝統的な行事の時につくられている特別な食べ物のことを行事食といいます。行事食には季節の食材が使われたものが多くあります。昔から伝わってきた行事食をこれからも受け継いでいきましょう。

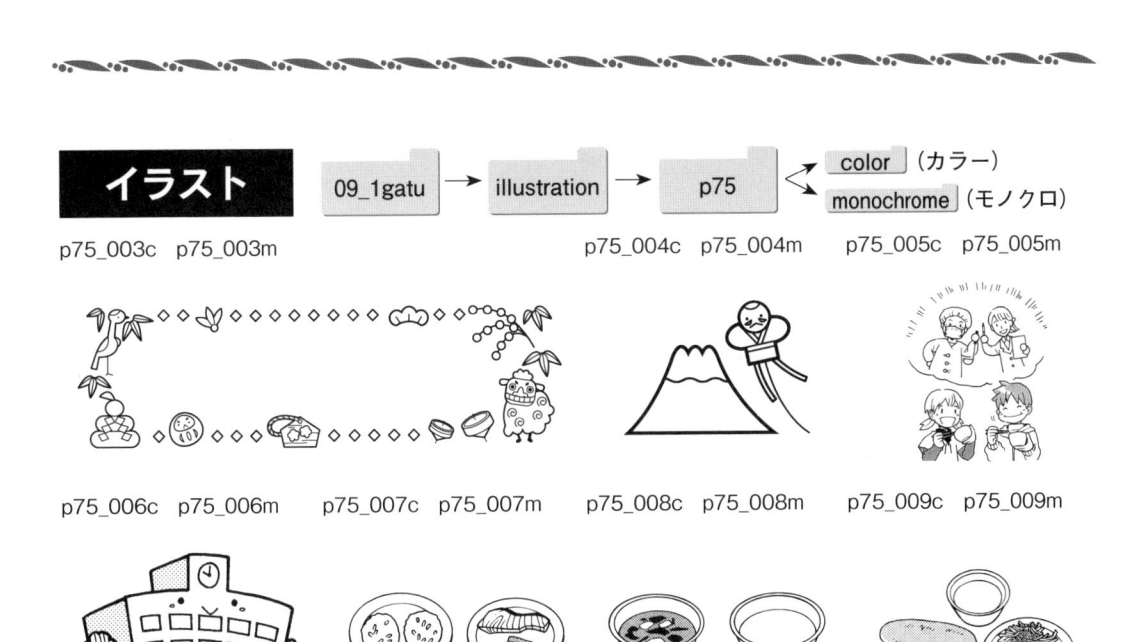

イラスト

09_1gatu → illustration → p75 → color（カラー） / monochrome（モノクロ）

p75_003c p75_003m　　　　　　　　p75_004c p75_004m　　p75_005c p75_005m

p75_006c p75_006m　　p75_007c p75_007m　　p75_008c p75_008m　　p75_009c p75_009m

p76_001c p76_001m	p76_002c p76_002m	p76_003c p76_003m	p76_004c p76_004m
p76_005c p76_005m	p76_006c p76_006m	p76_007c p76_007m	p76_008c p76_008m
p76_009c p76_009m	p76_010c p76_010m	p76_011c p76_011m	p76_012m
p76_013m	p76_014m	p76_015m	p76_016m
p76_017m	p76_018m	p76_019c p76_019m	p76_020c p76_020m
p76_021c p76_021m	p76_022m	p76_023m	p76_024c p76_024m

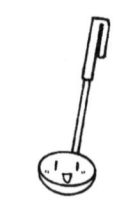

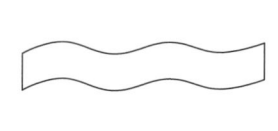

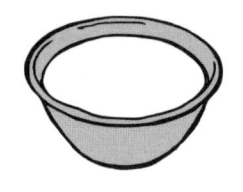

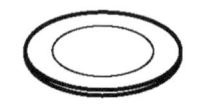

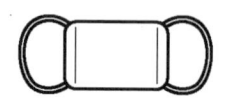

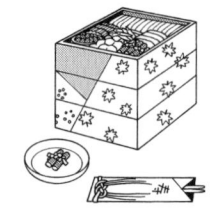

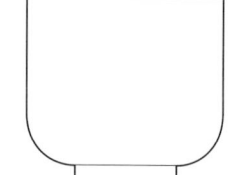

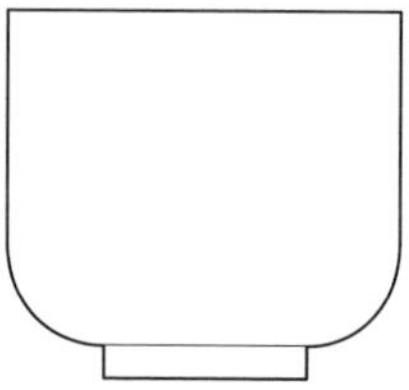

p77_001c p77_001m p77_002c p77_002m p77_003c p77_003m p77_004c p77_004m

p77_005c p77_005m p77_006c p77_006m p77_007c p77_007m p77_008c p77_008m

p77_009m p77_010m p77_011m p77_012m

p77_013m p77_014m p77_015m p77_016m

p77_017m p77_018m p77_019m p77_020m

p77_021m p77_022m p77_023m p77_024m

2月

たより　10_2gatu → tayori
※CD-ROMの中に収録されているフォルダ名を表しています。

p78_001c　p78_001m

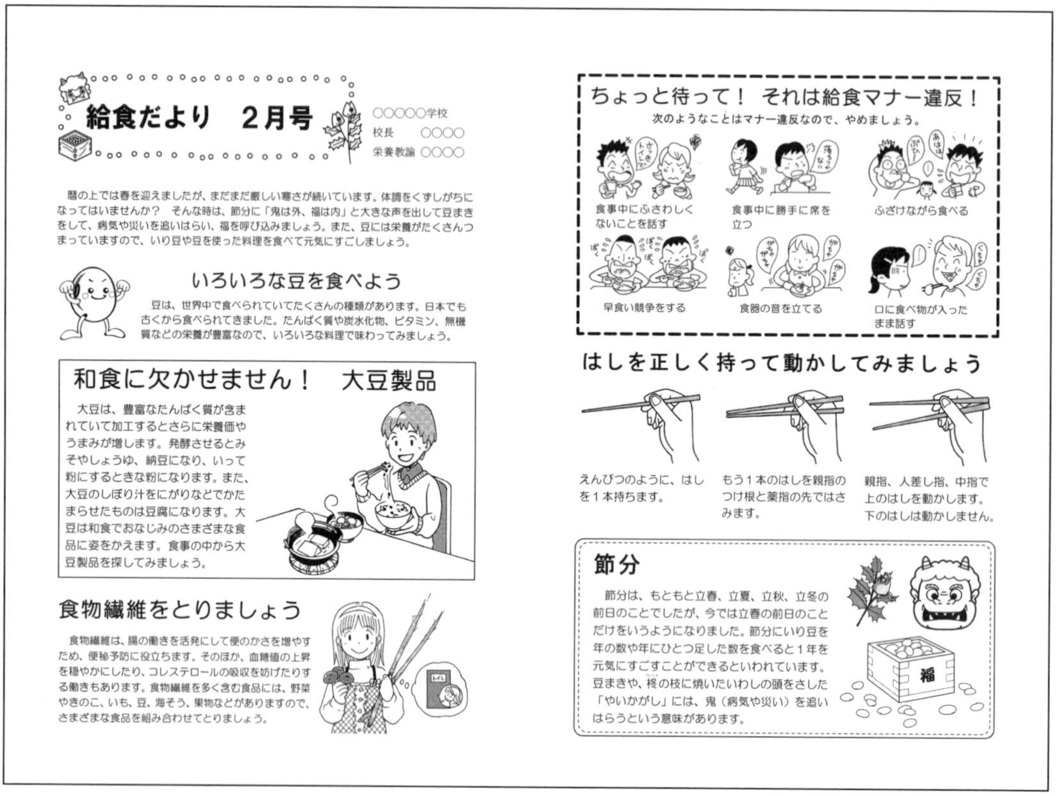

給食だより　2月号

○○○○○学校
校長　○○○○
栄養教諭　○○○○

暦の上では春を迎えましたが、まだまだ厳しい寒さが続いています。体調をくずしがちになってはいませんか？　そんな時は、節分に「鬼は外、福は内」と大きな声を出して豆まきをして、病気や災いを追いはらい、福を呼び込みましょう。また、豆には栄養がたくさんつまっていますので、いり豆や豆を使った料理を食べて元気にすごしましょう。

いろいろな豆を食べよう

豆は、世界中で食べられていてたくさんの種類があります。日本でも古くから食べられてきました。たんぱく質や炭水化物、ビタミン、無機質などの栄養が豊富なので、いろいろな料理で味わってみましょう。

和食に欠かせません！　大豆製品

大豆は、豊富なたんぱく質が含まれていて加工するとさらに栄養価やうまみが増します。発酵させるとみそやしょうゆ、納豆になり、いって粉にするときな粉になります。また、大豆のしぼり汁をにがりなどでかためられたものは豆腐になります。大豆は和食でおなじみのさまざまな食品に姿をかえます。食事の中から大豆製品を探してみましょう。

食物繊維をとりましょう

食物繊維は、腸の働きを活発にして便のかさを増すため、便秘予防に役立ちます。そのほか、血糖値の上昇を穏やかにしたり、コレステロールの吸収を妨げたりする働きもあります。食物繊維を多くふくむ食品には、野菜やきのこ、いも、豆、海そう、果物などがありますので、さまざまな食品を組み合わせてとりましょう。

ちょっと待って！　それは給食マナー違反！

次のようなことはマナー違反なので、やめましょう。

- 食事中にふさわしくないことを話す
- 食事中に勝手に席を立つ
- ふざけながら食べる
- 早食い競争をする
- 食器の音を立てる
- 口に食べ物が入ったまま話す

はしを正しく持って動かしてみましょう

- えんぴつのように、はしを1本持ちます。
- もう1本のはしを親指のつけ根と薬指の先ではさみます。
- 親指、人差し指、中指で上のはしを動かします。下のはしは動かしません。

節分

節分は、もともと立春、立夏、立秋、立冬の前日のことでしたが、今では立春の前日のことだけをいうようになりました。節分にいり豆を年の数や年にひとつ足した数を食べると1年を元気にすごすことができるといわれています。豆まきや、柊の枝に焼いたいわしの頭をさした「やいかがし」には、鬼（病気や災い）を追いはらうという意味があります。

2月の予定

節分【雑節】（季節の分かれ目のこと。立春の前日）

立春【二十四節気】（節分の翌日。暦の上で春が始まる日）

建国記念の日　政令で定める日【国民の祝日】（建国をしのび、国を愛する心を養う）

食育の日　2月19日（毎月19日は食育の日）

雨水【二十四節気】（陽気がよくなり、雪がとけて雨にかわる頃）

2月のたよりに載せたい内容例

- 大豆について
- 大豆からつくられる製品
- 節分について
- いろいろな豆
- 食事マナー
- はしの持ち方
- 生活習慣病　など

文例　10_2gatu → bunrei → p79 ＜ color（カラー） / monochrome（モノクロ）

※文例やイラストなどのデータは、それぞれのページのフォルダに収録されています。

p79_001c　p79_001m

給食だより　2月号

○○○○○学校
校長　　　○○○○
栄養教諭　○○○○

p79_002c　p79_002m

食育だより　2月号

○○○○○○学校
校長　　　　○○○○○○
学校栄養職員　○○○○

p79_003m

　暦の上では春を迎えましたが、まだまだ厳しい寒さが続いています。体調をくずしがちになってはいませんか？　そんな時は、節分に「鬼は外、福は内」と大きな声を出して豆まきをして、病気や災いを追いはらい、福を呼び込みましょう。また、豆には栄養がたくさんつまっていますので、いり豆や豆を使った料理を食べて元気にすごしましょう。

p79_004m

　三寒四温という言葉を知っていますか？　三寒四温とは、冬に3日間くらい寒い日が続き、その後に4日間くらい暖かい日が続くことをいいます。この現象が繰り返されると暖かくなるといわれています。寒い冬が終わるとやがて春が訪れます。残りの寒い季節も温かいものを食べるなどして楽しみながら、春を待ちましょう。

p79_005m

「ながら食べ」をするのはやめましょう

　何かをしながら食事をすることを「ながら食べ」といいます。「ながら食べ」をしないように気をつけましょう。

テレビを見ながら食べる

携帯電話やスマホをしながら食べる

ゲームをしながら食べる

本やまんがを読みながら食べる

給食＆食育だよりセレクトブック　©少年写真新聞社

ちょっと待って！ それは給食マナー違反！

次のようなことはマナー違反なので、やめましょう。

- 食事中にふさわしくないことを話す
- 食事中に勝手に席を立つ 
- ふざけながら食べる 
- 早食い競争をする 
- 食器の音を立てる 
- 口に食べ物が入ったまま話す 

はしを使って美しく食べよう

はしは、わたしたち日本人の食事の道具として欠かすことができません。はしは、食べ物をはさんだり、切ったり、混ぜたりとさまざまな動作をすることができます。はしを正しく持って使うと、料理が食べやすくなり、所作が美しくなります。日本のはし文化を守るためにも美しいはしづかいをしましょう。

茶わんの正しい持ち方

親指以外の4本の指をそろえて伸ばし、指の腹にごはん茶わんの糸底をのせます。親指は、ごはん茶わんのへりにかけます。

はしの正しい持ち方

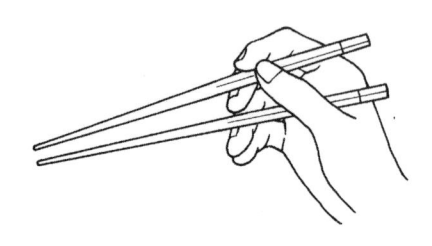

上のはしは、鉛筆を持つように持って、下のはしは、親指のつけ根と薬指の第一関節あたりで軽く持ちます。

はしを正しく持って動かしてみましょう

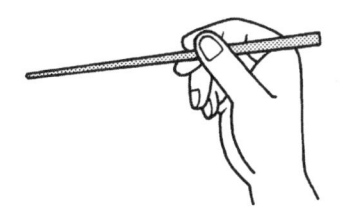

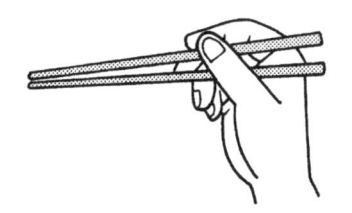

えんぴつのように、はしを1本持ちます。

もう1本のはしを親指のつけ根と薬指の先ではさみます。

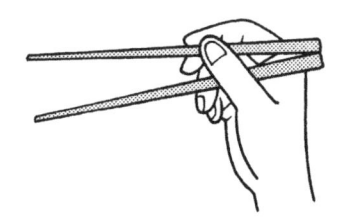

親指、人差し指、中指で上のはしを動かします。下のはしは動かしません。

節分

節分は、もともと立春、立夏、立秋、立冬の前日のことでしたが、今では立春の前日のことだけをいうようになりました。節分にいり豆を年の数や年にひとつ足した数を食べると1年を元気にすごすことができるといわれています。豆まきや、柊の枝に焼いたいわしの頭をさした「やいかがし」には、鬼（病気や災い）を追いはらうという意味があります。

和食に欠かせません！　大豆製品

大豆は、豊富なたんぱく質が含まれていて加工するとさらに栄養価やうまみが増します。発酵させるとみそやしょうゆ、納豆になり、いって粉にするときな粉になります。また、大豆のしぼり汁をにがりなどでかたまらせたものは豆腐になります。大豆は和食でおなじみのさまざまな食品に姿をかえます。食事の中から大豆製品を探してみましょう。

いろいろな豆を食べよう

豆は、世界中で食べられていてたくさんの種類があります。日本でも古くから食べられてきました。たんぱく質や炭水化物、ビタミン、無機質などの栄養が豊富なので、いろいろな料理で味わってみましょう。

大豆

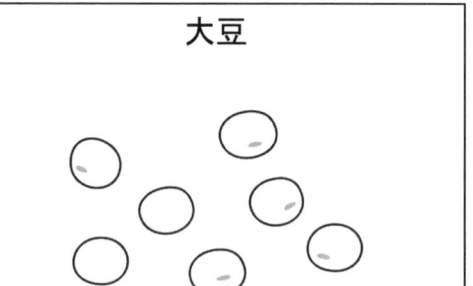

大豆は、豆腐、納豆、みそ、しょうゆ、油などの原材料に使われています。

あずき

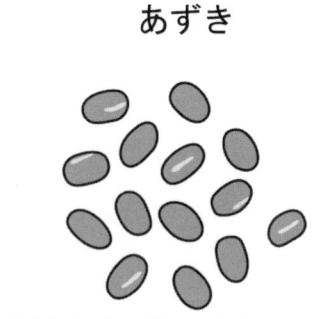

お汁粉やぜんざい、赤飯などにも使われています。

いんげん豆

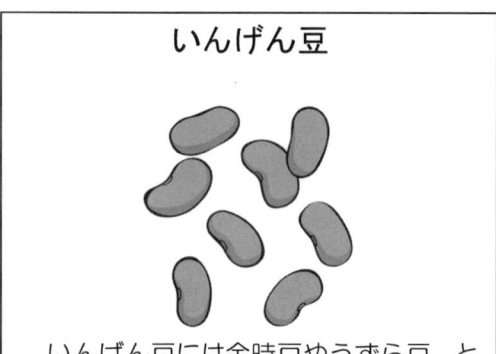

いんげん豆には金時豆やうずら豆、とら豆、大福豆などがあります。

えんどう

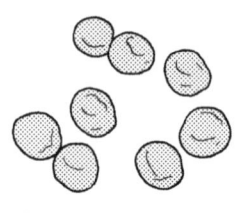

青えんどうと、赤えんどうがあり、煮豆や甘納豆、あんなどに使われます。

ひよこ豆

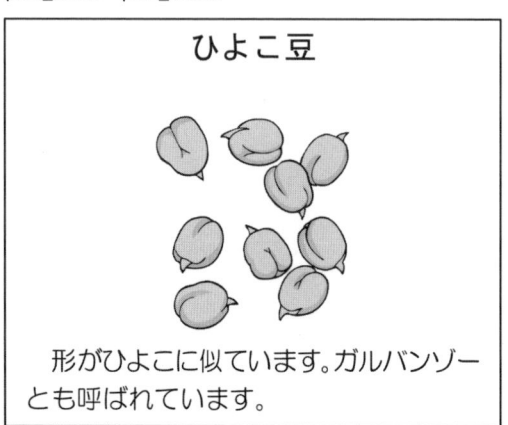

形がひよこに似ています。ガルバンゾーとも呼ばれています。

レンズ豆

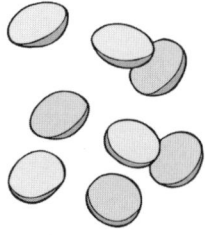

平たいレンズのような形をした豆です。水で戻さずに使うことができます。

p83_001c　p83_001m

食物繊維をとりましょう

　食物繊維は、腸の働きを活発にして便のかさを増やすため、便秘予防に役立ちます。そのほか、血糖値の上昇を穏やかにしたり、コレステロールの吸収を妨げたりする働きもあります。食物繊維を多く含む食品には、野菜やきのこ、いも、豆、海そう、果物などがありますので、さまざまな食品を組み合わせてとりましょう。

p83_002m

冬でも牛乳を残さず飲みましょう！

p83_003m

花粉症対策！　食生活を見直そう

　花粉症対策には、生活習慣の見直しが大切です。鼻の粘膜を刺激する刺激物は避け、インスタント食品などはひかえて栄養バランスのよい食事をしましょう。

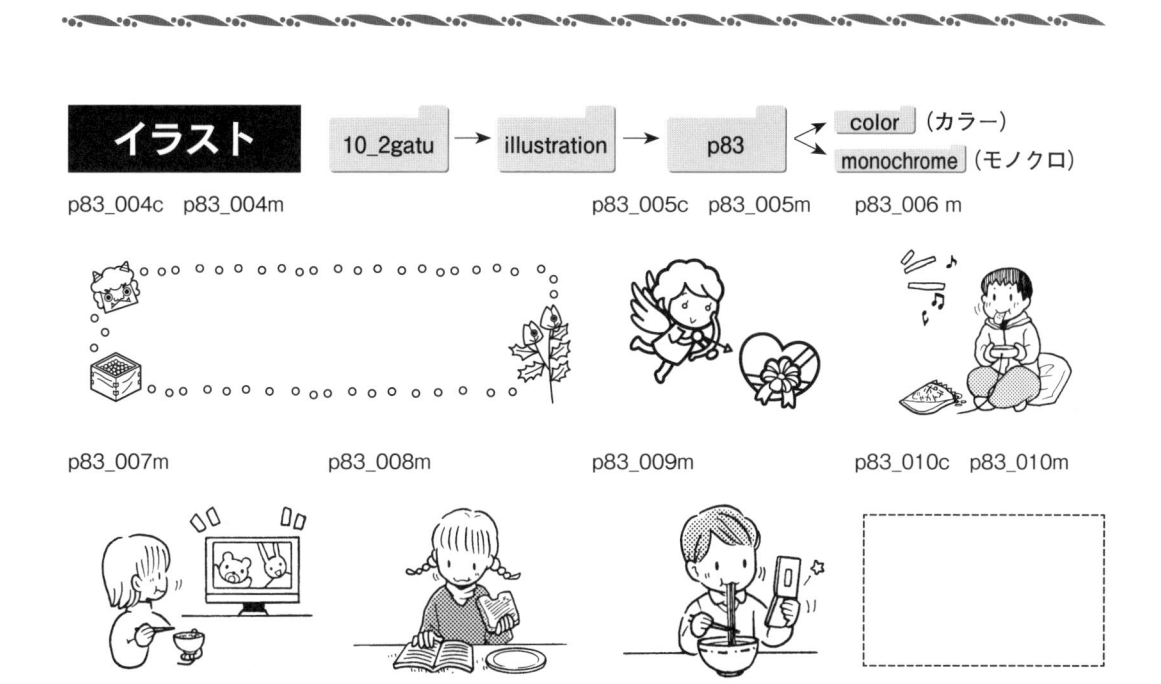

イラスト　10_2gatu → illustration → p83 ＜ color （カラー） / monochrome （モノクロ）

p83_004c　p83_004m　　　　　p83_005c　p83_005m　　　p83_006 m

p83_007m　　　p83_008m　　　p83_009m　　　p83_010c　p83_010m

p84_001c p84_001m   p84_002c p84_002m   p84_003c p84_003m   p84_004c p84_004m

p84_005c p84_005m   p84_006c p84_006m   p84_007m   p84_008m

p84_009m   p84_010c p84_010m

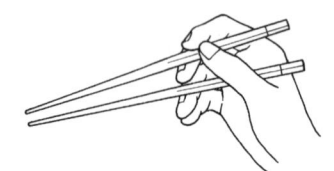

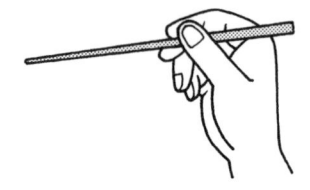

p84_011c p84_011m   p84_012c p84_012m

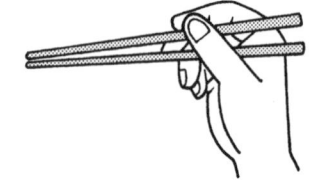

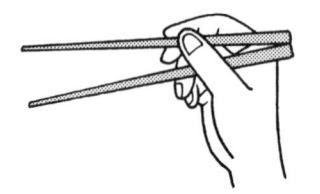

p84_013c p84_013m   p84_014c p84_014m   p84_015c p84_015m   p84_016c p84_016m

p84_017c p84_017m   p84_018c p84_018m   p84_019c p84_019m   p84_020c p84_020m

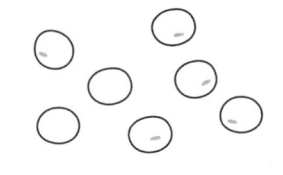

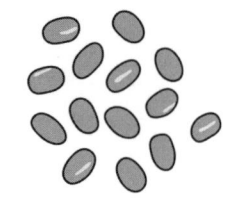

p85_001c	p85_001m	p85_002c	p85_002m	p85_003c	p85_003m	p85_004c	p85_004m
p85_005c	p85_005m	p85_006m		p85_007m		p85_008m	
p85_009m		p85_010m		p85_011m		p85_012m	
p85_013m		p85_014m		p85_015m		p85_016m	
p85_017m		p85_018m		p85_019m		p85_020m	
p85_021m		p85_022m		p85_023m		p85_024m	

3月

たより　11_3gatu → tayori　※ CD-ROMの中に収録されているフォルダ名を表しています。

p86_001c　p86_001m

3月の予定

上巳の節句【五節句】
（女の子の祭り。桃の節句とも呼ばれる）

啓蟄【二十四節気】
（冬ごもりしていた虫がはい出す頃）

彼岸（春分を中日とし前後3日間ずつの計7日間）

食育の日　3月19日（毎月19日は食育の日）

春分【二十四節気】
（春の彼岸の中日。昼と夜の長さがほぼ同じ頃）

春分の日　春分日【国民の祝日】
（自然をたたえ、生物をいつくしむ）

社日【雑節】（春分にもっとも近い戊の日）

3月のたよりに載せたい内容例

- 1年間の給食のふり返り
- 健康によい食事
- 会食について
- バイキング給食について
- 食の自立について
- 桃の節句と行事食　など

※文例やイラストなどのデータは、それぞれのページのフォルダに収録されています。

文例 11_3gatu → bunrei → p87 < color（カラー） / monochrome（モノクロ）

p87_001c　p87_001m

給食だより　3月号

○○○○○学校
校長　　　　○○○○
栄養教諭　　○○○○

p87_002c　p87_002m

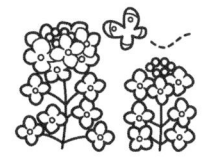

食育だより　3月号

○○○○○○学校
校長　　　　　○○○○○○
学校栄養職員　○○○○

p87_003m

　寒さが少し和らぎ、待ちに待った暖かい春はすぐそこまできています。さて、今年度も残りわずかとなりました。みなさんは1年間、給食を通してさまざまなことを学んできました。給食が栄養になって体も心も大きく成長していることでしょう。3月はそんな1年間をふり返り、できるようになったことや、これからがんばりたいことを考えてみましょう。

p87_004m

　もうすぐ桜のつぼみがほころぶ季節になります。ご卒業を迎えるみなさん、おめでとうございます。さて、みなさんの思い出に残っている給食は何ですか？　これから先も楽しくすごした給食の時間がみなさんを支える思い出になってほしいと願っています。そして、給食で学んだことを生活に生かして、進学先や新しいクラスでもがんばりましょう。

p87_005c　p87_005m

給食を通して学んだことをふり返ろう

①食事は、人間が生きていく上で欠かすことのできない大切なものであることがわかりましたか？

②食べる前に手洗いを行うほか栄養バランスのよい食事をとるなど健康に気をつけることができましたか？

③学校給食にはいろいろな食品が使われていることを知り、食品や料理の名前がわかりましたか？

④給食は生産者や調理員、栄養士など多くの人びとによって支えられていることを知ることができましたか？

⑤配ぜんや盛りつけを丁寧に行ったり、食事のマナーに気をつけたり、相手を思いやることができましたか？

⑥自分たちの住む地域に昔から伝わる料理や行事食などの食文化を知ることができましたか？

1年間の給食をふり返りましょう

①手洗いを忘れずにできましたか 	②給食の準備を協力してできましたか 	③好ききらいなく食べましたか 
④よい姿勢で食べましたか 	⑤友だちと楽しく会食できましたか 	⑥あいさつを忘れずにしましたか 
⑦後片づけがちゃんとできましたか 	⑧はしを正しく使えましたか 	⑨残さず食べることができましたか 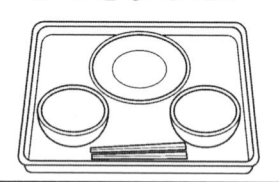

給食当番できたかな？

- 給食当番としてふさわしい身じたくをととのえることができましたか？
- 石けんを使ってきちんと手洗いをすることができましたか？ 
- 衛生や安全に気をつけて給食を運ぶことができましたか？ 
- 盛り残しに気をつけて、ていねいに配ぜんをすることができましたか？ 
- 給食当番が協力をして給食の準備をすることができましたか？ 

卒業給食

ランチルームを使って卒業給食を行います。いつもとは違った雰囲気の中で給食を楽しみ、思い出に残る時間にしましょう。

また、移動時間があるので、素早く行動してスムーズに準備を行いましょう。

桃の節句

3月3日は、「桃の節句」とも「上巳の節句」とも呼ばれ、女の子の健やかな成長と幸せを願う日です。ひな人形を飾る風習は、室町時代頃に始まり、一般に広まったのは、明治時代以降といわれています。それまでは、厄をはらうための紙の人形だったといわれています。桃の節句につくられる行事食には、はまぐりのお吸い物やひしもち、ちらしずしなどがあります。

3月3日 ひな祭り

女の子の健康と幸せを願う日です。

昔の遊び　貝合わせ

貝合わせとは、平安時代頃から貴族の間で行われていた遊びです。はまぐりは、対になった貝としか組み合わせることができません。そのため対になった貝の内側に絵や歌などをかいて同じ物を合わせて遊んでいました。

桃の節句の由来

桃の節句は、平安時代に貴族の間で行われていた人形を使った雛遊びと、中国から伝わった上巳のはらいの行事（人形に酒や食べ物を供えて、厄災を託して水に流す神事）が結びついたものです。

雛人形は、飾る以外にもけがれを人形に移して水に流す「流し雛」を行っている地域もあります。昔から女の子の健やかな成長を願って行われてきました。

ひしもち

ひしもちは、桃の節句で供えるひし形のもちのことです。ひしもちの色や色の並び順は、地域や家庭によって違う場合がありますが、おもに上から赤、白、緑のもちを重ねたものが多く見られます。緑のもちは、生命力の強いよもぎの新芽をつんで使用することで、厄をはらう力があるとされています。

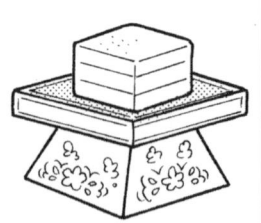

うしお汁

はまぐりのうしお汁は、桃の節句の行事食です。はまぐりは、対になっている貝以外とは決して合いません。そのことから、夫婦の仲のよさをあらわすとされています。また、磯遊び(いそあそび)(海辺や河原に集まり、草もちや貝料理を食べること)の時期に重なったことから料理に使われたともいわれています。

バイキング給食の約束

- 好きなものを好きなだけ選ぶのではなく、主食、主菜、副菜、汁物など栄養バランスを考えよう。

- 自分の適量を考えて、残さず食べられるように料理を取るようにしよう。

- マナーを守り、周りの人のことを考えて料理を取ったり、きれいに盛りつけたりしよう。

家族そろって食事をする時間を

みなさんの家庭では、家族そろって食卓を囲んでいますか？ 毎日、いつもの食卓で心を通わせながら食べると、互いの心や体の調子を知ることができます。そのほか、食事のマナーが自然と身についたり、親子間でのコミュニケーションの時間が増えたりします。一方で、一人で食べる「孤食」をしていると、食事のマナーがおろそかになったり、ながら食べになったりしがちです。家庭での食事の時間をふり返り、家族でおいしさや楽しさを共有する時間を大切にしてみませんか。

お手伝い 自分にできることを探そう

家事には、食材の買い物や調理の手伝い、配ぜんや片づけなどさまざまな仕事があります。家族の一員として手伝えることを探してやってみましょう。

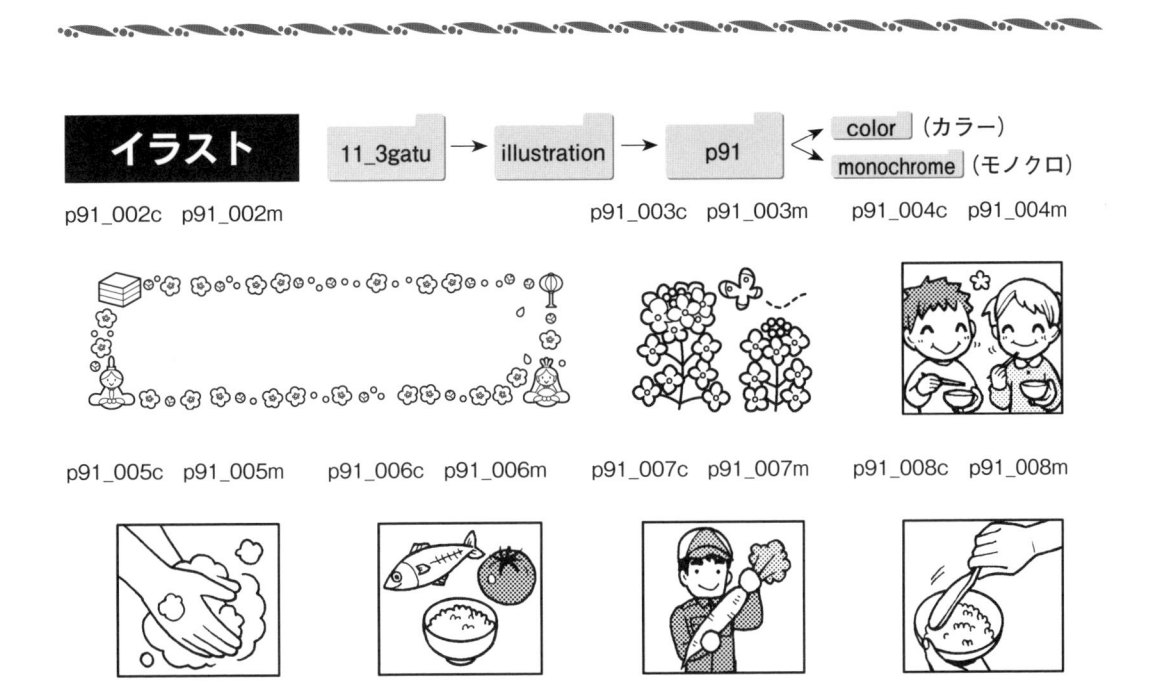

献立を考える	買い物	下ごしらえ	調理の手伝い
ごはんをよそう	配ぜん	お茶を入れる	食器洗い

イラスト

p92_001c p92_001m	p92_002m	p92_003m	p92_004m
p92_005m	p92_006m	p92_007m	p92_008m
p92_009m	p92_010m	p92_011c p92_011m	p92_012c p92_012m
p92_013c p92_013m	p92_014c p92_014m	p92_015c p92_015m	p92_016c p92_016m
p92_017c p92_017m	p92_018c p92_018m	p92_019c p92_019m	
p92_020c p92_020m	p92_021c p92_021m	p92_022m	p92_023m

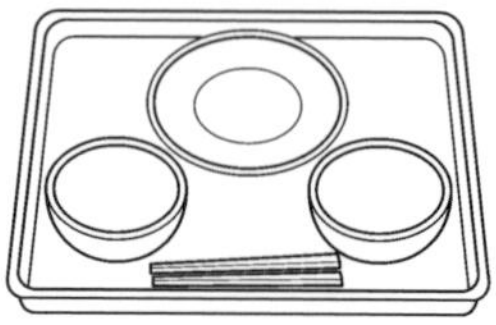

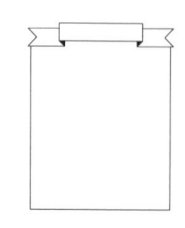

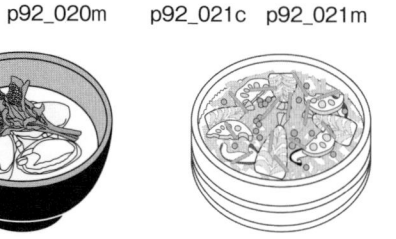

p93_001m

p93_002m

p93_003m

p93_004m

p93_005m

p93_006c p93_006m

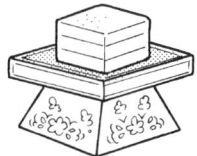

p93_007c p93_007m

p93_008m

p93_009m

p93_010m

p93_011m

p93_012m

p93_013m

p93_014m

p93_015m

p93_016m

p93_017m

p93_018m

p93_019m

p93_020m

p93_021m

p93_022m

食事マナーチェック

当てはまる点線を
なぞりましょう

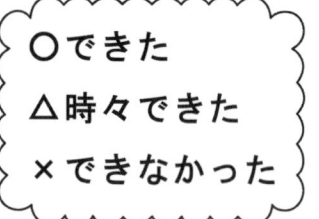

○できた
△時々できた
×できなかった

①感謝の気持ちを込めてあいさつができた

②食器を正しく持って食べることができた

③楽しく会話しながら食べることができた

④机にひじをつかずに食べることができた

⑤食べ物が口に入っている時は話さず食べた

⑥背筋をまっすぐに伸ばして食べた

⑦好ききらいをせずに残さず食べた

⑧食べ終わっても席で静かに待てた

チェックの結果をもとに食事マナーを見直そう

夏の食生活チェックシート

〇、△、×がいくつあるかな？
（はい）（時々）（いいえ）

① 朝食を必ず食べる

② 決まった時間に食事をする

③ 水分補給は水やお茶が多い

④ 夏野菜や果物をよく食べる

⑤ 冷たいものを食べすぎない

⑥ インスタント食品をあまり食べない

⑦ 夕食以降は間食をしない

あなたの合計は何点かな？

12点以上 合格です！ 暑い夏も元気に乗り切れるでしょう。この調子で食生活が乱れないようにしましょう。

4～11点 もう少しです 〇がつかなかった項目についてどうしたら改善できるのか考えましょう。

3点以下 がんばりましょう このままでは、体の調子をくずす可能性があります。食生活を見直してみましょう。

〇（2点）… ☐個
△（1点）… ☐個
×（0点）… ☐個
合計 ☐点

夏ばてに気をつけて夏休みを元気にすごしましょう！

冬の食生活チェックシート

○、△、×がいくつあるかな？
（はい）（時々）（いいえ）

1. 食事の前に必ず手洗いをする 
2. 早起きをして、朝食をしっかりとっている 
3. 季節の食べ物を食べている 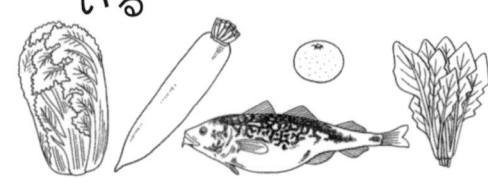
4. 牛乳を毎日欠かさず飲んでいる 
5. 体を温める料理を食べている 
6. おやつは適量を考えて食べすぎないようにしている 
7. 夜食は消化のよいものをとっている

○（2点）… ☐個
△（1点）… ☐個
×（0点）… ☐個
合計 ☐点

あなたの合計は何点かな？

12点以上 合格です！ 冬休み明けも、元気に学校生活をスタートできるでしょう。

4～11点 もう少しです ○がつかなかった項目について、どうしたら改善できるのか考えましょう。

3点以下 がんばりましょう このままでは、体の調子をくずす可能性があります。食生活を見直してみましょう。

食生活を見直して冬休みを元気にすごしましょう！

CD-ROMを使って「たより」を つくりましょう!!

以下はWindows7でMicrosoft Word2010を動作させた場合の入力例です。お使いのパソコンのバージョンによって違いがありますので、それぞれのマニュアルで確認してください。

１ CD-ROMを開く

①CD-ROMを挿入する
付属のCD-ROMをパソコンのCD-ROMドライブに入れます。

②CD-ROMを開く
画面上に「自動再生」の画面が表示されます。リストから「フォルダーを開いてファイルを表示」をクリックします。

③つくりたい月号のたよりのフォルダを開く（01_4gatu→tayori）
カラーかモノクロを選び、p06_001m.docxのファイルをダブルクリックすると、Wordが起動して４月の「基本のたより」（モノクロ版）が開きます。

２ Word画面とたよりの構成

●クイックアクセスツールバー
よく使う機能をここに入れておくことができます。既定では、「上書き保存」「元に戻す」「やり直す」ボタンが表示されます。

●タブ
Wordの機能が大まかに分類されて表示されます。クリックすることでリボンを切りかえます。

●ヘルプボタン
Wordの操作方法がわからない時はここをクリックすると調べることができます。

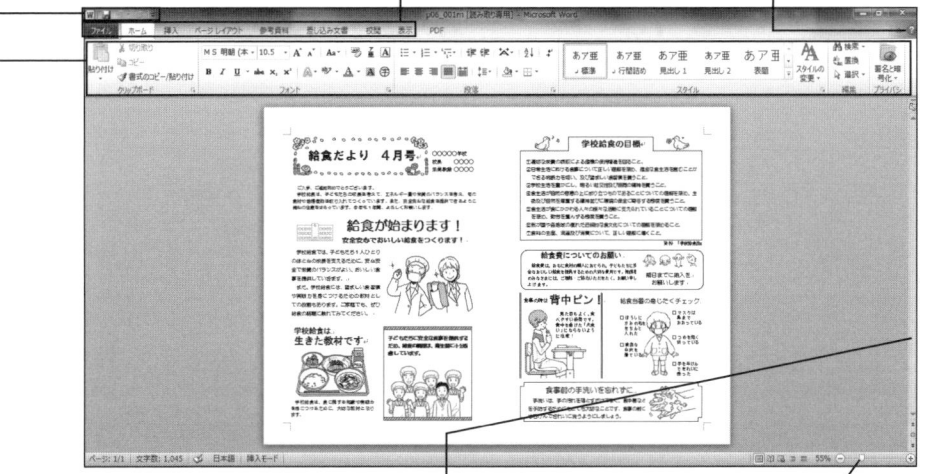

●リボン
Wordの操作ボタンがタブごとに一覧で表示されます。タブをクリックすることで切りかえが可能です。

●スクロールバー
上下左右に動かすと表示位置を変更することができます。

●ズームライダー
編集画面の表示倍率を変更できます。

給食＆食育だよりセレクトブック　©少年写真新聞社

❸ 名前をつけて保存する

CD-ROMに収録されている、「基本のたより」の中から使用するものを見つけたら、お使いのバージョンに合わせて保存しておきます。

① 「ファイル」をクリックし「名前をつけて保存」を選択すると画面が表示されます。保存先を指定してファイル名を変更し、「保存」ボタンをクリックします。

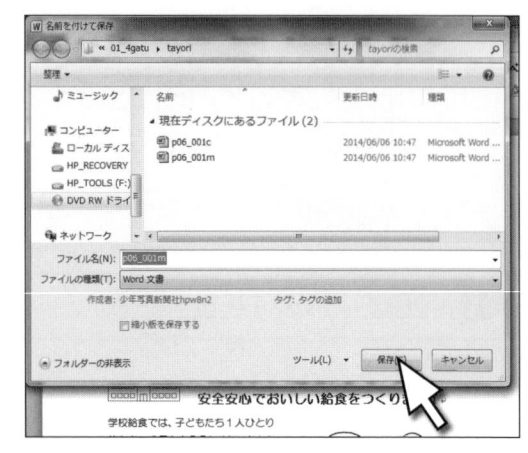

※ 保存したいデータを「ctrl＋C」、マウスの右クリックでコピー、ドラッグ＆ドロップのやり方などでもコピーできます。使いやすい方法で保存してください。

「基本のたより」からたよりをつくろう

文章（文字）をかえる

●直接文字を入力する

① 変更したい文字の上にカーソルを合わせてクリックすると、テキストボックス枠があらわれます。
　変更したい文章の左端にカーソルを合わせ、クリックしたまま右方向へマウスを動かして選択します。

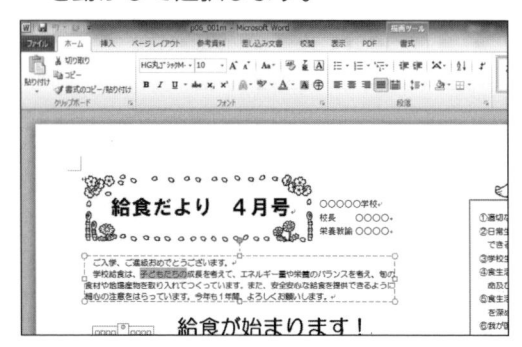

② そのまま文字を入力します。修正した新しい文章が上書きされます。

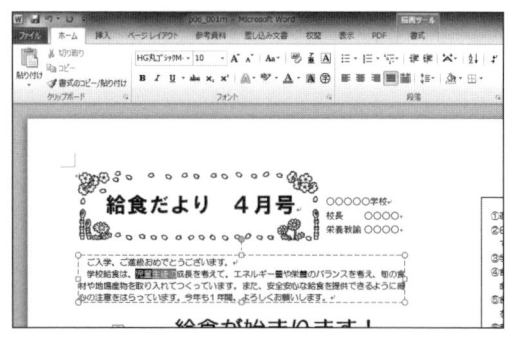

●テキストを差しかえる

① CD-ROMフォルダを表示して、文例のテキストを差しかえます。（例：01_4gatu→bunrei→p07→monochrome→p07_004m.docx）　例のように順序通りにフォルダを開くと文例が表示されます。

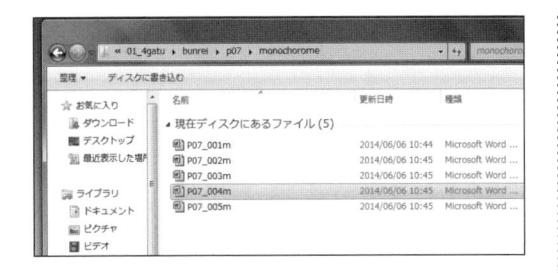

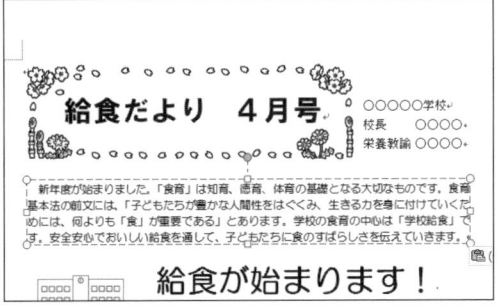

文例を差しかえる

●文例を違うものに置きかえる

　たよりの文例をCD-ROM内の文例（イラストつき文例）に差しかえます。

①CD-ROMを開いて、差しかえたい文例（01_4gatu→bunrei→p08→monochrome→p08_004m.docx）を開きます。

②Wordが起動して文例が表示されます。

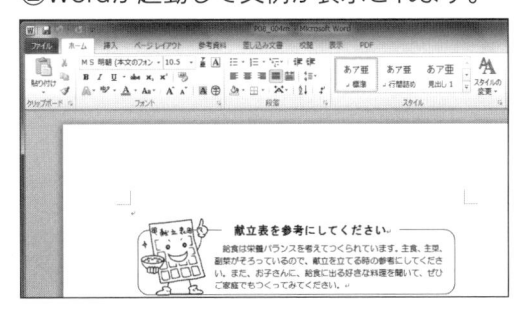

③作成中の「たより」の中の差しかえたい文例を削除します。テキストボックスをクリックし、「ホーム」タブの「切り取り」をクリックします。テキストボックスが複数ある場合は、すべて消しておきます。

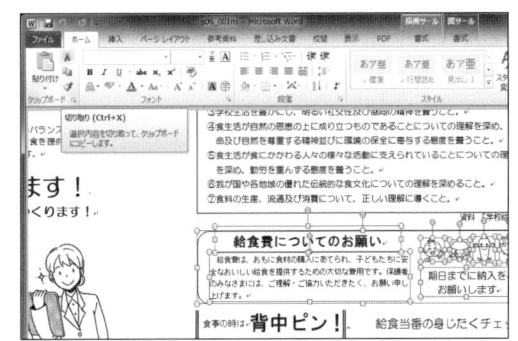

②差しかえたい文章の左端にカーソルを合わせ、ドラッグして範囲を選択します。

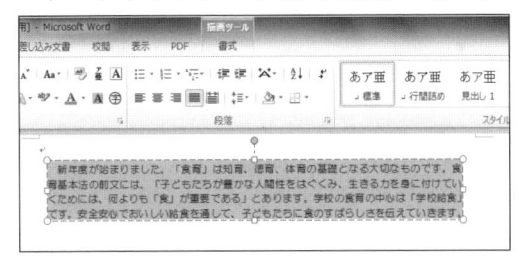

③「ホーム」タブの、「コピー」をクリックします。

④作成中の「たより」に切りかえたら、差しかえたい文章をドラッグして選択します。

⑤「ホーム」タブの「貼り付け」ボタンをクリックすると、コピーした文例と置きかわります。

給食＆食育だよりセレクトブック　© 少年写真新聞社

④②で表示した文例（イラストつき文例 p08_004m.docx）のテキストボックスをクリックします。

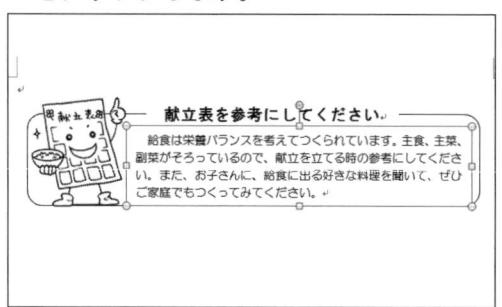

⑤複数のテキストボックスが表示された場合「Shift」（または「ctrl」）キーを押しながらテキストボックスを選択していきます。

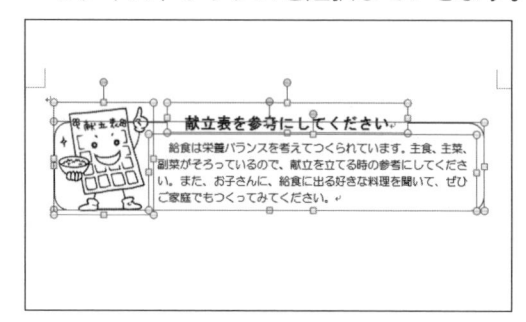

※「テキスト」と「イラストの囲み」など複数のテキストボックスがある場合はグループ化されていないため、「Shift」（または「ctrl」）キーで、複数のテキストボックスを選択しないとセットで動かすことができません

⑥「ホーム」タブの「コピー」ボタンをクリックします。

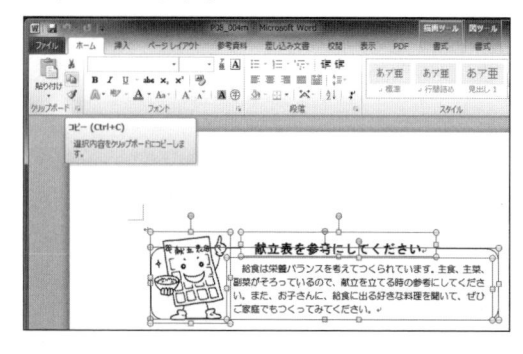

⑦作成中の「たより」の画面に戻ったら、「ホーム」タブの「貼り付け」をクリックします。③で切り取りしたところに移動します。

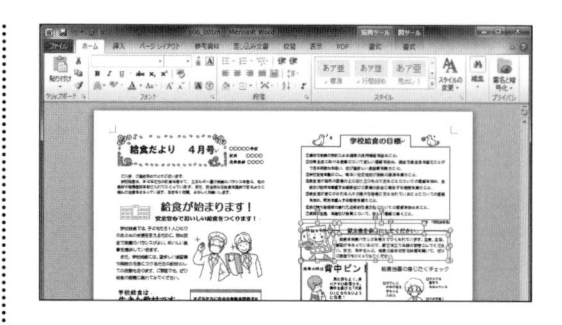

イラストをかえる、挿入する

①作成中のたよりの入れかえたいイラストを削除します。

②「挿入」タブの「図」ボタンをクリックします。

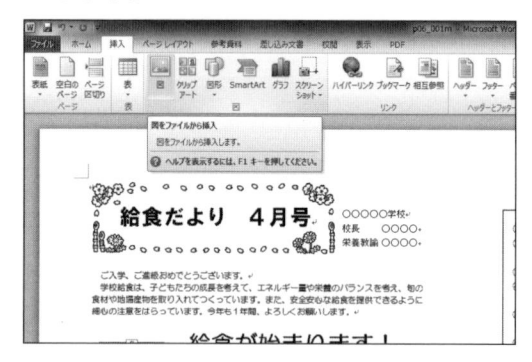

③「図の挿入」の画面が表示されるので、挿入したいイラスト（01_4gatu→illustration→p13_008m.png）を選択して、「挿入」ボタンをクリックします。

④イラストを「挿入」すると一時的にレイアウトがくずれる場合があります。「図ツール」の「書式」タブの「配置」グルー

プにある「文字列の折り返し」をクリックして「前面」を選択します。

※移動やサイズの変更なども自由に設定することができます。

❗ポイント

テキストボックスやイラストの重ね順を変更したい場合

■イラストやテキストボックス、図形などは作成した順に重なっていきます。

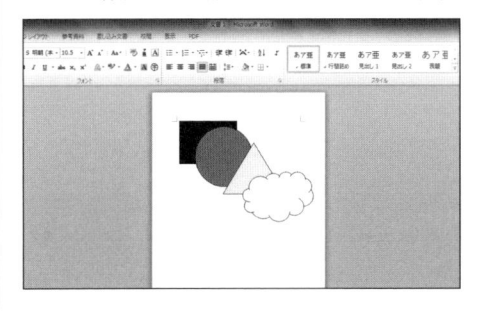

■イラストやテキストボックスの重ね順は、選択した状態で表示される「図ツール」の「書式」タブにある「配置」の中で変更することができます。

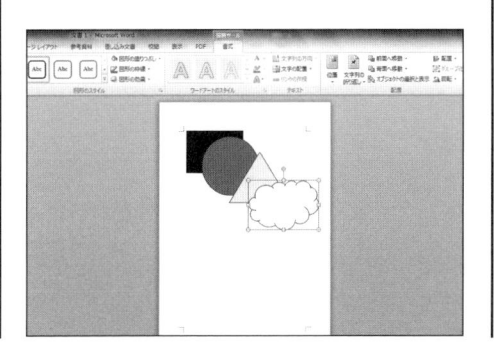

■一番後ろに置きたいものを選択してリボンの「背面へ移動」の▼をクリックして「最背面へ移動」を選択します。

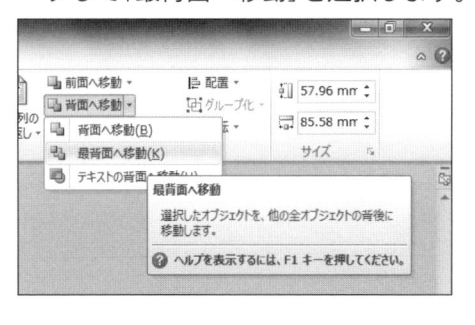

ルビをつける

①作成中のたよりの文章で、ルビを振りたい文字の左端にカーソルを合わせ、クリックしたまま右方向へ動かして、選択します。

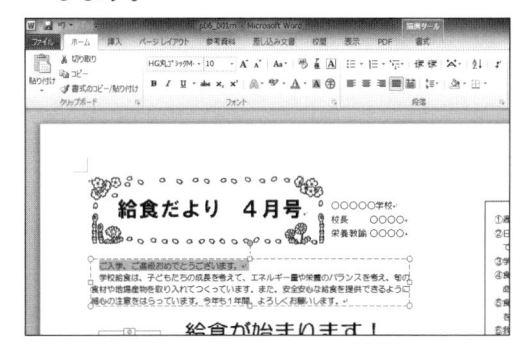

②「ホーム」の「フォント」のところにある「ルビ」を選択し、ルビをふります。

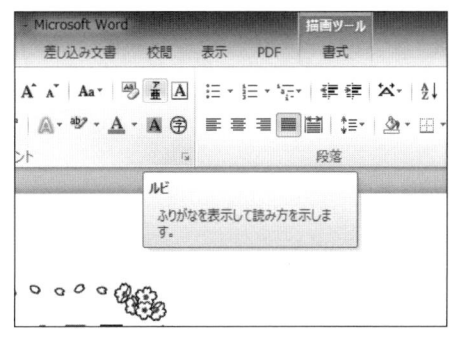

※ルビの書体や文字の大きさなどは変更できます。

さくいん

[あ]

青魚	40
青菜	64
朝ごはん	15,16,17,39,40,41
朝ごはんレシピ	17
生きた教材	8
１年間の給食	88
インフルエンザ	63
うがい	63,64
うしお汁	90
運動中の水分補給	32
運動（スポーツ）と食事	49
運動能力アップ	48
衛生面	8
栄養（の）バランス	7,8,17,31,33,39,47,48 49,50,58,83,87,90
塩分	32,49,50
大みそか	63
おせち料理	71,74
お手伝い	35,91
おやつ	31,58,59,96

[か]

貝合わせ	89
会食	41,88
鏡開き	74
鏡もち	74
学力UP	16
かしわもち	18
かぜ	63,64,65
かぜに負けない	65
かぜ（の）予防	64,65,66
学校給食	7,8,24,57,58,71,72,73,87
学校給食の目標	8
学校給食の歴史	72
花粉症対策	83
かまない子	24
かみごたえのある食品	24
かみかみ献立	24
かむ	23,24,25,48
かむ回数	24,25
カルシウム	26,27,49,59
感謝	55,56,57,73,94
感染症（の）予防	63,65

季節の食べ物 春	10
季節の食べ物 夏	34
季節の食べ物 秋	42
季節の食べ物 冬	66
規則正しい（食）生活	31,49
給食	7,8,9,11,15,24,57,58,71,72,73,87,88
給食当番	88
給食当番の身じたく	9
給食費	9
給食マナー	80
牛乳	16,26,72,73,83,96
行事食	63,71,75,87,89
共食	16
勤労感謝の日	55,56
敬老の日	41
孤食	26,90
こどもの日	15
ごはん	9,49,51,91
ごみを減らす工夫	19
米	42,48,56
献立	8,51,72,73,91
献立表	8
コンビニ	58

[さ]

三寒四温	79
脂質	47,48,49,50,58
姿勢	9,88
主菜	8,16,17,48,90
主食	8,9,16,48,90
正月	63,74
食育	7,25,26
食育基本法	7
食育月間	23,25,26
食事の（前後に）あいさつ	56,57
食事（の）マナー	94
食事マナーチェック	94
食中毒	9,23,26,27
食文化	8,87
食物アレルギー	11
食物繊維	24,34,43,50,59,83
食料自給率	55,57
汁物	16,43,51,90
水分補給	31,32,58,95

スナック菓子	58
スポーツ飲料（ドリンク）	32
生活習慣病	49,50
生活リズム	15,17,31,33,39,40,41,71
成長期	26,27
清涼飲料	32
節分	79,81
全国学校給食週間	71,73
雑煮	71,74
卒業給食	88

[た]

ダイエット	33
大豆製品	81
体内時計	40
体力UP	16
脱脂粉乳	72,73
七夕	35
食べ方チェック	25
食べすぎ	24,34,48,50
食べ物の命	55
端午の節句	15,18
地産地消	55
地場産物	7,56,57,58,72
ちまき	18
茶わんの正しい持ち方	80
朝食	15,17,26,41,67,95,96
朝食ぬき	31,48,49
月見	41
手洗い	9,27,63,64,87,88,96
冬至	65
糖分	32,48,50,58
時計遺伝子	15

[な]

ながら食べ	79,90
夏にとりたい食べ物	33
夏の食生活チェックシート	95
夏ばて	31,33,95
夏野菜	32,34,95
夏休み	31,35,95
七草	75
七草がゆ	74
なべ料理	66,67

熱中症	31,32
飲み物	32
ノロウイルス	65

[は]

バイキング給食	90
配ぜん	40,43,73,87,88,91
はし	80,81,88
はしの正しい持ち方	80
歯と口の健康週間	23,25
早起き	15,39,41,71
早寝	15,39,41,71
ひしもち	89,90
ひな祭り	89
肥満	16,23,24,48,50
ファストフード	25
副菜	8,16,17,48,90
冬の食生活チェックシート	96
冬休み	63,96
冬を乗り切る食事	67
偏食	50
便秘予防	83

[ま]

豆	41,50,79,81,82
豆まき	79,81
3つの（食品）グループ	50,51
むし歯	24,25
目によい食べ物	48
目の愛護デー	48
もったいない精神	19
桃の節句	89,90

[や]

野菜ぎらい	50
野菜のいろいろな切り方	18

[ら]

ランチルーム	88

[わ]

和食	43,81

参考文献

『食に関する指導の手引―第一次改訂版―』文部科学省
『日本食品標準成分表2010』文部科学省 科学技術・学術審議会 資源調査分科会
内閣府HP　文部科学省HP　厚生労働省HP　農林水産省HP　環境省HP
独立行政法人日本スポーツ振興センターHP　自然科学研究機構 国立天文台HP
『給食ニュース』No.1441からNo.1504の付録『給食ニュースブックレット』　ほか

給食＆食育だよりセレクトブック

2014年7月25日　初版第1刷発行　2019年5月15日　初版第3刷発行
　　　　　少年写真新聞社　『給食ニュース』編集部　編
発　行　人　松本　恒
発　行　所　株式会社　少年写真新聞社　〒102-8232 東京都千代田区九段南4-7-16市ヶ谷KTビルⅠ
　　　　　　　　　　　　　　　　　　　TEL 03-3264-2624　FAX 03-5276-7785
　　　　　　　　　　　　　　　　　　　URL http://www.schoolpress.co.jp/
印　刷　所　図書印刷株式会社
©Shonen Shashin Shimbunsha 2014　Printed in Japan
ISBN978-4-87981-496-8　C3037

※本書を無断で複写・複製・転載・デジタルデータ化することを禁じます。乱丁・落丁本はお取り替えいたします。